千年こうじやのおいしい発酵レシピ

千年こうじや

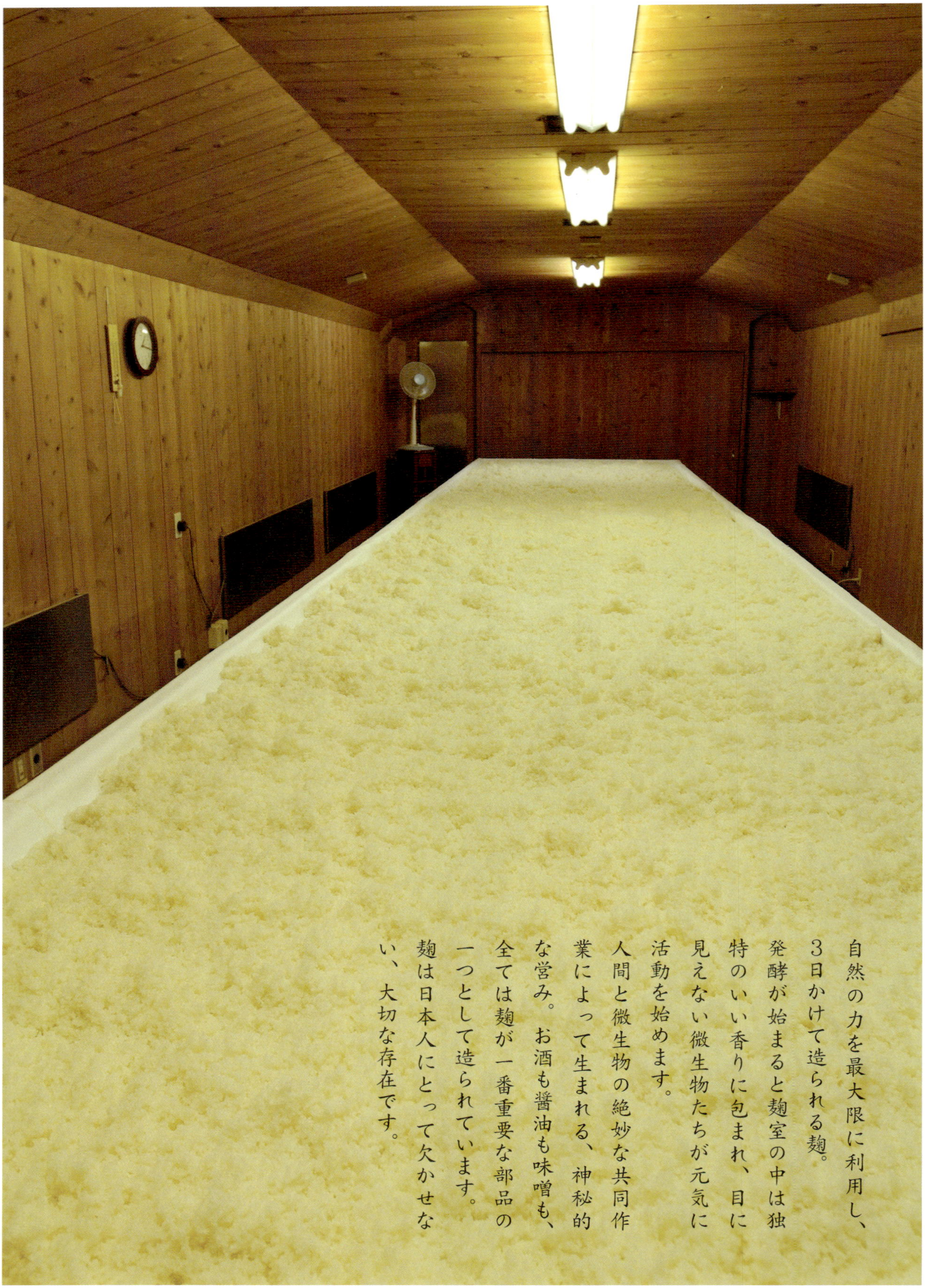

自然の力を最大限に利用し、
3日かけて造られる麹。

発酵が始まると麹室の中は独特のいい香りに包まれ、目に見えない微生物たちが元気に活動を始めます。

人間と微生物の絶妙な共同作業によって生まれる、神秘的な営み。お酒も醤油も味噌も、全ては麹が一番重要な部品の一つとして造られています。

麹は日本人にとって欠かせない、大切な存在です。

「麹《こうじ》」が体に良いと今、注目されているのをご存知ですか。千年以上昔に米からできたという麹。醤油や味噌、日本酒など、日本伝統の発酵食品づくりに欠かせません。

魚沼の酒蔵・八海山が立ち上げた、千年こうじやは、そんな「米・麹・発酵」をテーマに、日本の食と文化を伝えます。

第三章　魚沼の里を訪ねて

新潟県魚沼地方は、豊穣な風土を持つ美しい土地です。自然と寄り添う昔ながらの暮らしの中、味噌や甘酒を麹で手づくりする風習がまだまだ根づいている、発酵文化の継承地。お酒造りにも大変適した地といわれています。この地で育まれた、酒蔵ならではのこだわりと誇りを持って造られた麹。簡単でおいしく、健康にもいい…と、その文化が見直されています。その麹と米で作った甘酒や酒粕、それらを使った保存食、そして神楽南蛮などの名産品…「日本人が大切にしてきた食本来の良さ」や「自然との共生から生まれた知恵」を紹介するブランドが「千年こうじや」です。これらをもっと、みなさんの生活にとりいれてもらいたくて、麹の基本知識から魚沼の食文化のルーツ、地元のおかあさんに聞いた、麹をつかった簡単なレシピ、実際に魚沼に足を運び、この地の食文化に惚れ込んだ料理家たちが敬意を込めて生み出したレシピを一冊にまとめました。魚沼の豊かな自然、それに寄り添って暮らす人々のあたたかな心、その中で育まれてきた生活の知恵や想いが、これから千年ずうっと続きますように、と願いをこめて。

第一章　麹の基本

発酵って何ですか？

漬物、納豆、チーズにヨーグルト、日本酒
発酵食品と呼ばれるものは世界中にたくさんあります。
おいしくて、体にも良いといわれる発酵食品。
では、そもそも発酵ってなんでしょう？

発酵のはじまりはお酒

人類は、数千年も前から発酵食品を食べて生きてきました。一般的によく聞かれる発酵のはじまり説は、ミルクを持って旅していた遊牧民が、ある日ミルクを飲もうとふたを開けたところ、それは白いかたまり（チーズ）になっていて、食べたらおいしかった、という話です。本当の起源は分かりませんが、発酵は人間が手を加えなくても自然に起こるものです。猿などの動物が集めた果物が自然に発酵したものを、古代人が偶然飲んだのが最初のお酒ではないかといわれています。それがいつしか自分たちの手で造るようになり、紀元前6000年頃にはワインが造られた形跡があります。世界最古の英雄叙事詩「ギルガメッシュ叙事詩」にもワインの記述が出てきます。ちなみに日本酒の起源は諸説あり、噛んだ米を容器に貯めておいたら野生酵母が落下し、アルコール発酵した「口噛み酒」が最初とする説、神様に備えたご飯にカビが生え、そこから酒を醸した（カビは麹だった）という説など、様々ないわれがあります。

発酵とは微生物の働き

発酵が化学によって解明されてきたのは、実はつい最近のできごと。17世紀にオランダ人のレーウェンフックが、自作の顕微鏡で様々なものを観察していたところ、ビールの中に球状のものが入っていることに気づき、微生物のひとつである酵母が発見されました。ここから微生物学の歴史が始まります。無菌状態では発酵は起こらない、ということを発見したのはフランスの科学者、パスツール。パスツールは酵母がアルコール発酵を行なってワインを造ることも発見しました。酵母は、糖を二酸化炭素（炭酸ガス）とアルコールに変換します。このように発酵には微生物の力が欠かせません。微生物が発酵に関わるのは、生命を維持し、子孫を増やすため。人間が呼吸をするように、微生物にとって発酵することは必要不可欠な活動なのです。微生物というのは一般に菌やカビですが、それらは一概に悪者とはいえません。微生物のおかげで、私たちは様々な恩恵を受けています。

発酵と腐敗はどう違うの？

微生物の主な働きは食物を分解し、変化させること。分解することによってエネルギーを得、増殖していきます。その分解が人間にとって有益な場合、発酵といいます。一方、食品が腐るのも微生物による分解作業。微生物から見れば、発酵も腐敗もやっていることは同じです。人間側から見たときに、それが有益か有害かで、それぞれ発酵、腐敗と区別されているだけです。たとえ食品が腐っても、それはたまたま人間にとって食べられないだけで、微生物は自分たちの生命を維持し、子孫を増やそうとしているだけ。そして土に還り、草木に栄養をもたらすなど、どこかで自然のバランスと繋がっています。地球上には目に見えない微生物がそれはそれはいっぱいいて、隙あらば、有機物質はみんな微生物の分解の対象になります。それが時として、人間にとっておいしく体に良い食品に変身するのです。発酵とは、微生物がもたらす自然からの神秘的なプレゼントです。

発酵も腐敗も
微生物のやることは同じ

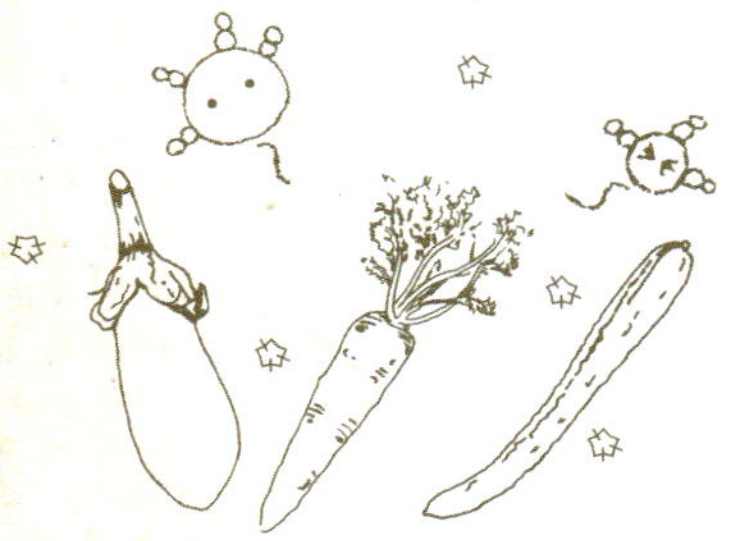

世界の発酵食品のいろいろ

世界各地には、その土地土地の気候や風土に反映された、様々な発酵食品があります。まず、お酒だけでも種類は無限大。日本酒や焼酎、ワイン、ウィスキー、バーボン、テキーラ、紹興酒、ビールなどが発酵によって造られています。次に世界中で食べられているパンも発酵食品。酵母を発酵させることによってあのふくらみや素晴らしい味と香りが生成されます。チーズやヨーグルトなどの乳製品は乳酸菌による発酵。キムチ、ザーサイなどの漬物類もあります。ナンプラー、豆板醤、インドネシアのケチャップなど、調味料にも発酵は多く使われます。日本の醤油、味噌、みりんもそうですね。さらに珍味として、世界一臭い食べ物と評されるスウェーデンのシュールストレミングは、ニシンを発酵させた缶詰です。

日本の発酵文化といえば麹です

日本は世界でも有数の発酵大国。それは日本に麹があったからだといわれます。麹の力を最大限に利用して、日本では様々な発酵食品が造られました。でも麹って一体何？ 麹の秘密を探ってみました。

麹を使った食品いろいろ

麹無しに日本の食文化は語れません。醤油、味噌、みりん、酢など、日本人にとって無くてはならない調味料は全て麹から造られています。そして、日本酒や焼酎などももちろん麹。その他熟寿司《なれずし》、蕪寿司《かぶらずし》、三升漬《さんしょうづけ》、三五八漬《さごはちづけ》など、麹からできる食品はたくさんあります。世界で一番硬い食品といわれるかつお節も、実は麹による発酵食品。カツオブシ菌という麹菌の一種を表面に散布すると、菌が中の水分をどんどん吸い取ってくれるため、あれだけ乾燥した硬い食品になるのです。アジアは温暖湿潤な気候で、麹菌が活動しやすい環境のため、独自の発酵文化が築かれました。

麹の正体はなんとカビ！

麹は日本人にとって身近で親しみやすい食品を多々生み出していますが、その正体はなんとカビです。黄麹菌（アスペルギルス・オリゼー）というカビの一種。麹カビとも呼ばれます。蒸したお米に麹菌を散布すると、お米のデンプンを分解して増殖し、できたものが米麹です。これを原料にして、お酒や味噌などの食品が造られます。麹菌はお米以外にも大豆や麦など主に穀物に増殖します。食品にカビが生えないように、なんてつい気を遣いがちですが、カビがないとできない食品もあるんですね。カビは決して悪者ばかりではありません。人間の役に立つ良いカビもあるんです。

麹菌は日本の国菌です

麹菌が生息できるのは、適度な温度と湿度がある地域だけ。元々日本とアジアの一部にしか存在しません。ヨーロッパやアメリカでは乾燥しすぎて、麹菌には増殖しずらい環境なのです。でも日本人にとっては欠かせない、古くからの長い付き合い。日本の食文化における麹菌の役割は大きく、近年では食品以外にも、医薬や工業への応用が試みられ、ますますの活躍が期待されています。２００６年には日本醸造学会より、日本の国菌として認定されました。桜（日本の花）、キジ（日本の鳥）等と違って目には見えない菌ですが、やはり日本を代表する大切なものです。

麹の働きとは?

麹の主な働きは、デンプンやタンパク質を分解し、別の物質に変化させること。これには酵素の力が関わっています。麹の持つ酵素の中でも、アミラーゼと呼ばれるものはデンプンをブドウ糖に分解し、プロテアーゼはタンパク質をアミノ酸に分解します。ブドウ糖ができることで甘味が増し、アミノ酸によってうま味が添加されます。酵素による分解で食品がおいしくなるだけでなく、その細胞が細かくされるために食品が柔らかくなり、身体に消化・吸収されやすくなります。

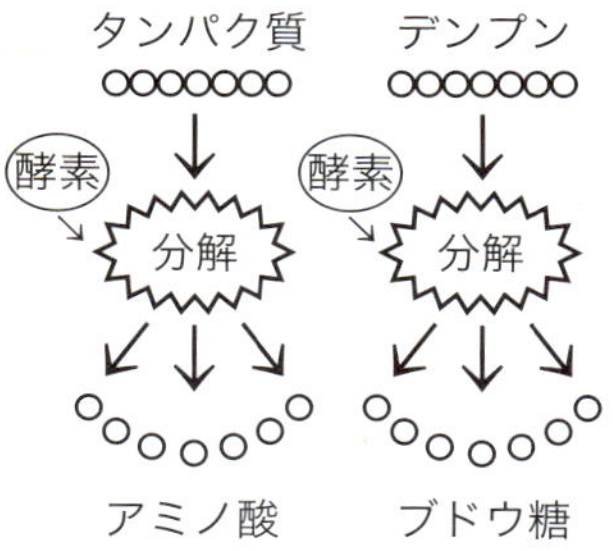

麹の酵素はすごい!

さて酵素って一体なんでしょう。人間も動物も、そして菌も、生き物にはみんな酵素が備わっています。酵素は生物が生きていくために必要不可欠な存在で、代謝(生命活動)に大きく関わっています。元気で若々しくいられるには、酵素が多いほうがいい! そして麹は酵素の種類がずば抜けて多く、100種類以上といわれています。麹を摂取することは、同時にたくさんの酵素を身体に取り入れられるということ。外から摂った酵素は、主に消化において体内酵素の助けをしてくれるので、その分を代謝に回すことができ、アンチエイジングに効果があるのです。

麹の種類について

麹にはいくつか種類がありますが、中でも一般的なのは米麹。気軽に手に入りやすく、家庭で味噌や甘酒、麹漬けなどを造るときに使います。生米麹と乾燥米麹の二種類がよく流通していますが、生米麹は生きた麹菌の菌糸がふわふわと米の周りを覆い、ほのかに湿気があります。保存は冷蔵庫か冷凍庫で。生きた新鮮な麹なので、早めに使い切ることをおすすめします。乾燥米麹は、生米麹を乾燥させたもの。こちらは生のものより長期保存が可能ですが、酵素の力は生米麹のほうが強いです。また米麹以外には麦麹、大豆麹(豆麹)、金山寺麹(小麦麹)などがあります。

八海山が造る、酒造りの麹とは

酒蔵にとって、いい麹を造るには、お米の吸水や蒸し加減、温度管理など、細かく気を配らねばなりません。麹は生き物ですから、自然の力に委ねられてはいますが、その麹の様子を窺いながら、何度も手を入れ、見守り、最善を尽くすのが、杜氏と蔵人の仕事です。

麹造りの心構え

酒蔵では、最高責任者である杜氏《とうじ》を中心に、蔵人《くらびと》と呼ばれる人々によって、酒造りの作業が行われます。生き物を扱う仕事ゆえ、24時間傍を離れられないことも多く、3度の飯も一緒。まるで家族のように寝食を共にします。酒造りに一番大切なのは人、と語るのは八海山の杜氏、南雲重光さん。いいものづくりにはその人の人格が反映されるといいます。「例えば酒蔵は雑菌が命取りになるので、常に清潔な環境でなければならない。でもどうしても櫂棒《かいぼう》からしずくが床に落ちることもある。そんなとき、気づいてきちんときれいに拭くか、なんとなく足で擦ってごまかすか、ちょっとした行動が全ての酒造りに影響されます。周りから信頼を得て、認められるには、鋭い感覚を持つと同時に、酒に対しての真摯な想いがあり、素直に忠実に黙々と自分のやるべきことを続けられることが大事です」。これだけ近代的な世の中になっても、機械は到底人間の感覚には及ばない。いい酒造りにはやはり人の手が欠かせません。その中でも麹はキモの部分。目に見えない微生物を相手に、杜氏と蔵人が一体になって、自然の恩恵に従いながら生み出す芸術。いい麹の後ろには、誠実で揺るぎない人の心があるのです。

ポイント1 外硬内軟《がいこうないなん》チェック

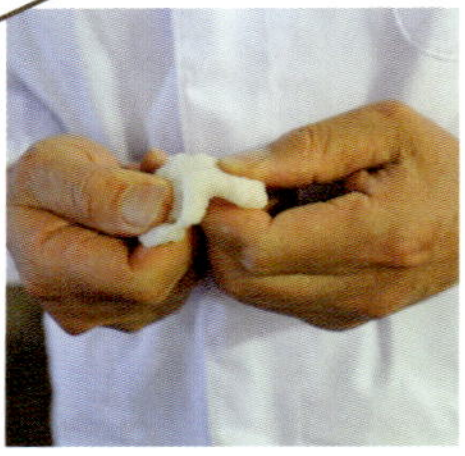

麹造りのベースとなる蒸米は、外側が硬く、内部は柔らかい「外硬内軟」の状態がいいと言われる。杜氏自ら蒸米を手に取りチェックする。

ポイント2 種付《たなつけ》

蒸米に麹の種菌を撒く作業。種菌が蒸米にふわりと自然に降りるまで、空気を動かしてはいけない。作業する蔵人以外はじっと動かずに待つ。

ポイント3 出麹《でこうじ》

麹を造る専用の室《むろ》を麹室《こうじむろ》といい、出来上がった麹はそこから出るため出麹という。できたての麹は噛むとしっかりうまみがあって、栗のような濃い香りがする。

ポイント4 櫂入れ《かいいれ》

酒母《しゅぼ》やもろみなどお酒の原料を櫂棒でかき混ぜる作業。日本酒は、麹による発酵と酵母による発酵の2つが同時進行しており、温度を均一にし、中の原料がよく混ざるよう、櫂入れが行われる。

お話を伺った人
八海醸造　製造部長
南雲重光さん

酒蔵の麹の特徴とは？

酒造りの命である麹。酒蔵の麹の最大の特徴は、麹菌の菌糸の生え方です。蒸した米に麹菌が生えることを破精《はぜ》る、といいますが、破精には左記のようなものがあります。

酒蔵の麹

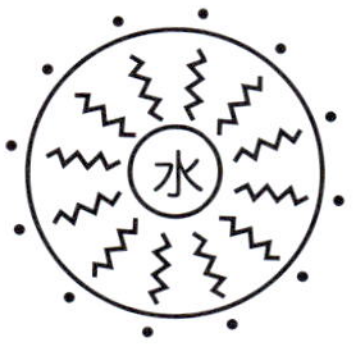

突破精麹《つきはぜ》

米のところどころに菌糸が生え、内部にも深く食い込んでいる。日本酒の吟醸・大吟醸など高級酒はだいたいこの麹を使う。何度も手入れし、人の手による厳格で緻密なコントロールが必要とされる。手作業でなければ絶対に造れない麹。

八海山では麹造りは全て人間の手作業で行われています。そして全てのお酒にこの突破精麹を使用。

その他の麹

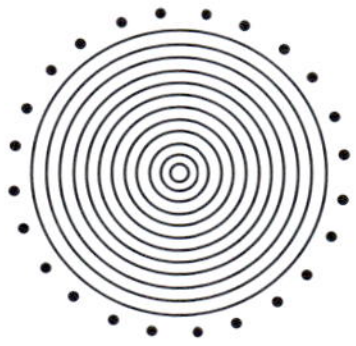

総破精麹

米全体に菌糸が生え、表面も内部も菌糸で覆われている。味噌などはこの麹を使うことも多い。

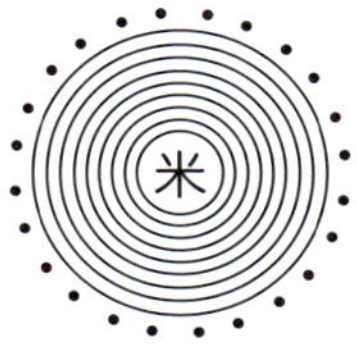

ヌリ破精麹

米の表面だけに菌糸が生えた状態で内部に米の芯が残っている。

特長その1　雑味がなくすっきり

酒蔵の麹用の米は精米します。これは米の表面にある雑味となる成分を取り除くためで、八海山は普通酒でも精米歩合60％、大吟醸は40％です。精米歩合の低い米で造った麹ほど、雑味がなく、すっきりとした上品な味わいになります。

特長その2　自然な甘み

麹は酵素の生産力が高く、100種類以上の酵素を作る力があります。麹の酵素の中でも代表的なのがデンプンをブドウ糖に分解するアミラーゼと、タンパク質をアミノ酸に分解するプロテアーゼ。酒蔵の麹は一般的に特にアミラーゼの力が強いと言われています。ブドウ糖を生成し、甘みが増しますが、砂糖とは違って自然な甘みです。ブドウ糖は身体へも消化吸収しやすく、脳のエネルギーになります。

特長その3　素材を活かした料理に

突破精麹は、米の表面全体を麹菌の菌糸が覆うわけではなく、米の部分がところどころ残ったまだらな状態です。麹菌自体は控えめな増殖なので、カビ臭さがなく、浅漬けなど、麹の味が比較的ダイレクトに出る料理で、違いがはっきり分かります。生で食べるものをより繊細においしくします。

お話を伺った人
八海醸造　常務取締役
鈴木恒夫さん

コラム1

麹が食品に良い理由

保存を高め、味わいを深める麹

麹による発酵は、食品にとっていいことづくめ。
微生物の力が、普段の食卓をより一層豊かに
してくれます。

その1 食材のうまみがUP

食物が発酵するときに、麹が酵素の力でデンプンをブドウ糖に分解するため甘みが増し、タンパク質を分解して各種アミノ酸を産出するため、うまみが深まります。発酵によって微生物が一層のおいしさを引き出してくれるのです。

その2 食品の保存性を高める

日本では古来から、発酵食品は保存食として欠かせないものでした。発酵すると他の微生物（雑菌）が近寄らないため、保存性を高めることができます。肉や魚も麹に漬けることで保存期間が伸び、更においしさもアップするのです。

第二章　麹を使ったおいしいレシピ

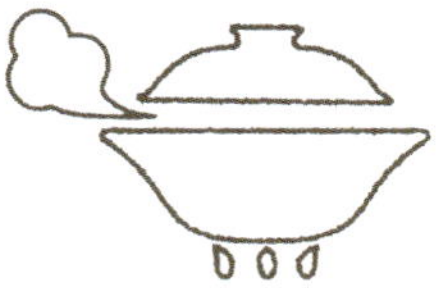

塩麹を使った
千年こうじやに習う おいしいレシピ

料理に加えたり、漬け床にしたり、加えるだけで素材のうまみを一段とアップしてくれる便利な塩麹。ここでご紹介するレシピは、簡単にできて、千年こうじやのお店でも好評だったものです。ぜひ、試してみてください。

「塩麹を作ってみよう！」

麹と塩、水だけで作れる、簡単な調味料。生きた麹の活動により、うまみがアップされ、食材を一層おいしくしてくれます。できあがるまで少し時間はかかりますが、麹がじわじわとうまみを増やしてくれるのですから、焦らずのんびり作りましょう。

〈材料〉

生米麹 ……………………… 300g
塩 ……………………… 90g
水 ……………………… 300cc

※目安は麹10に対して塩3、水10の割合。お好みで塩の量を加減することができるが、塩を減らしすぎると保存性が悪い。

〈用意するもの〉

※作る前に容器、器具類は煮沸し、手はきれいに洗うこと。

1.

ボウルに生米麹を入れ、バラバラになるまで手でほぐす。

2.

塩を加え、よく混ぜ合わせた後に水を注ぎ、トロっとなじむまで混ぜる。

3.

少し大きめの保存容器に移し、常温で発酵させる。

4.

麹と水は分離するため、1日1回スプーンで全体をよくかき混ぜる。

5.

麹がふくらみ、おかゆ状になったら完成。夏は1週間、冬は2週間くらいでできあがり。

使い方いろいろ

塩麹、しょうゆ麹とも使い方は工夫次第。塩や醤油の代わりに調味料として使えば、料理にうまみやコクが深まります。また、野菜や肉、魚に和えたり漬けたりすると、麹の酵素の作用で、食材の消化吸収が良くなります。

保存の仕方は？

作るときは常温で行います。これは麹を活動しやすくするため。麹が活動することによって、多くのうまみが生み出されます。できあがったら、冷蔵庫で保存してください。

応用編 しょうゆ麹の作り方

塩麹の応用編、しょうゆ麹も作り方の基本は一緒です。水と塩の代わりに醤油を使うのが特徴。うまみと甘みの増した、独特の調味料になります。醤油代わりに気軽に使えます。

生米麹 …………………… 300g
醤油 ………………… 300ml（1½カップ）

※濃口醤油等甘めのものがおすすめ。

1. ボウルに生米麹を入れ、バラバラになるまで手でよくほぐす。
2. 醤油を加え、トロっと馴染むまで混ぜる。
3. 保存容器に移し、1日1回スプーンで全体をかき混ぜる。夏は1週間、冬は2週間くらいでできあがり。

簡単

ミニトマト塩麹漬け

材料〈作りやすい量〉

ミニトマト…1パック

塩麹…大さじ2

1. ミニトマトは湯むきし、ペーパーなどで水気を拭き取る。
2. ビニール袋にミニトマトと塩麹を入れ、軽くもみ、冷蔵庫で数時間なじませる。

簡単

新玉葱の塩麹漬け

材料〈作りやすい量〉

新玉葱…½個

塩麹…大さじ2

1. 新玉葱は皮をむき、薄くスライスする。
2. ビニール袋に新玉葱と塩麹を入れ、軽くもみ、冷蔵庫で数日なじませる。

ポイント

3日目くらいからが食べ頃です。

簡単

クリームチーズのしょうゆ麹漬け

材料〈作りやすい量〉

クリームチーズ…100g

しょうゆ麹…200g

酒…大さじ1

きゅうり…適量

1. しょうゆ麹と酒を混ぜ合わせる。
2. クリームチーズをスプーンで丸く形作りながら1に入れる。
3. 1日〜一週間冷蔵庫でなじませる。
4. きゅうりを添える。

麹鮪《まぐろ》ユッケ

簡単

材料〈2人分〉

鮪（刺身用）…150g
しょうゆ麹…大さじ2
ごま…小さじ1
ごま油…大さじ2
大葉…1枚
卵黄…1個分

1. 鮪をたたく。（食感をよくするため、あまり小さくしすぎない）
2. ボウルにたたいた鮪、しょうゆ麹、ごま、ごま油を入れ和える。
3. 器に大葉を敷き、2を盛り、中央に卵黄をおとす。

なすの塩麹からし漬け

簡単

材料〈作りやすい量〉

なす…2個
からし…小さじ1
塩麹…大さじ1

1. なすは縞目にむき、乱切りにする。
2. ビニール袋になす、からし、塩麹を入れてもみ、冷蔵庫に一晩置く。

イカの塩麹塩辛

簡単

材料〈作りやすい量〉

イカ（生食用）…2杯
塩麹…大さじ3
昆布…適量

1. イカはワタと胴を離し、軟骨を取る。エンペラをつかみ足側に向かって皮をむく。
2. イカの胴の部分を細くスライスする。
3. ワタをうらごしし、塩麹、昆布を混ぜ合わせたものにイカを入れ、3日〜一週間ほど冷蔵庫でなじませる。

アボカドのしょうゆ麹漬け

簡単

材料〈作りやすい量〉

アボカド…1個
しょうゆ麹…大さじ2

1. アボカドは半分に切り、種をとり、皮をむく。
2. ビニール袋にアボカドとしょうゆ麹を入れ、一晩置く。
3. 食べやすい大きさにスライスする。

速い 簡単

和風カプレーゼ

定番のイタリアンサラダが
香り高い大葉と、
とろとろ湯葉で和風サラダに変身！

材料〈2人分〉

トマト…1個
生湯葉…150g
大葉…3〜5枚
塩麹…大さじ1
オリーブオイル…大さじ1
黒胡椒…適量

1. トマトはくし切りにし、生湯葉は一口大に切る。
2. 大葉をさっと水で洗い、水気を拭き取る。
3. トマト、生湯葉、大葉を盛り、塩麹、オリーブオイル、黒胡椒をかける。

もずくのみぞれ和え

簡単　速い

女性に喜ばれるヘルシーな一品は
味に深みを出してくれる塩麹がポイント

材料〈2人分〉
大根…約5cm
もずく…1パック
A　塩麹…大さじ1
　　酢…大さじ3
　　甘酒…大さじ1
あさつき…適量

1. 大根はおろし金でおろす。
2. あさつきは小口切りにする。
3. Aを混ぜ、大根おろしともずくも加え、あさつきを散らす。

春菊とホタテの梅和え

簡単

材料〈2人分〉
春菊…100g
ベビーホタテ…50g
塩麹…大さじ2
梅干…1個
鰹節…適量

1. 春菊は塩茹でし、冷水にとり、しっかり水気をとって2cmに切る。
2. ベビーホタテは茹でる。（刺身用は生でも可）
3. 梅干は種をとり、ほぐす。
4. 塩麹と梅干しを合わせ、春菊とベビーホタテを和え、仕上げに鰹節を散らす。

ポイント

春先なら春菊の代わりにおかひじきもおすすめ。シャキシャキした食感が楽しめます。

鶏肉の塩麹ハム

材料〈2人分〉
鶏肉（モモ肉またはムネ肉）…1枚（約300g）
塩麹…大さじ2
酒…小さじ1

1. 鶏肉は切り目を入れ、広げる。
2. ビニール袋に鶏肉を入れ、酒、塩麹を加え、冷蔵庫で2時間から一晩置く。ラップで鶏肉を棒状に巻き、両端を輪ゴムで縛ったら、さらにラップで二重に巻く。
3. 鍋にお湯を沸かし、2を中火で15分茹で（IHの場合は30分）、余熱で中まで火を通すため蓋をしたまま一晩置く。
4. お湯から出し、冷蔵庫で冷やす。

塩麹唐揚げ

材料〈2人分〉
鶏肉…1枚
塩麹…大さじ2
片栗粉…適量
オリーブオイル…適量

1. 鶏肉は一口大に切る。
2. ビニール袋に鶏肉と塩麹を入れ、軽くもみ、冷蔵庫に一晩置く。
3. フライパンにオリーブオイルを熱し、片栗粉をつけた鶏肉を揚げ焼きする。

ポイント

塩麹は、にんにく塩麹や生姜塩麹で応用するとひと味違う風味が楽しめます。

真鯛の塩麹漬け

簡単

材料〈2人分〉
真鯛（刺身用）…100g
塩麹…大さじ2
大根…5cm
生わかめ…適量
わさび…適量

1. 真鯛はそぎ切りにする。
2. ビニール袋に真鯛と塩麹を入れ、軽くもみ、冷蔵庫で1時間程なじませる。
3. 大根は桂むきをして千切りにし、水にさらし、水気を取る。
4. 器に真鯛、大根、生わかめ、わさびを盛り付ける。

ポイント

真鯛は、鯵《アジ》や鮃《ヒラメ》などのお好みの魚でもお楽しみいただけます。

鮭ときのこのホイル焼き

簡単

材料〈2人分〉
鮭（生）…2切れ
塩麹…大さじ2
玉葱…¼個
エリンギ…1本
エノキ…¼パック

1. ビニール袋に鮭と塩麹を入れ軽くもみ、冷蔵庫で一晩置く。
2. 玉葱とエリンギはスライスする。
3. エノキは石づきをとりのぞき、半分にカットする。
4. アルミホイルに玉葱、鮭、きのこ類の順で重ねて包み、オーブンで20分程蒸し焼きにする。

厚揚げと豆苗の塩麹炒め

速い　簡単

ボリュームがあるのに
あっさりといただける、体も喜ぶ一皿

材料〈2人分〉
厚揚げ…1枚
豆苗…½パック
塩麹…大さじ1
オリーブオイル…大さじ1
にんにく…1かけ

1. 厚揚げは8等分に切る。
2. 豆苗は3cmに切り、さっと洗う。
3. フライパンにオリーブオイル、にんにくを熱し、厚揚げに色が付くまで炒める。
4. 豆苗を3に入れ、しんなりしたら塩麹で味を調える。

和風カッペリーニ

速い　簡単

材料〈2人分〉
そうめん…2束
トマト…2個
大葉（またはバジル）…3～5枚

A
塩麹…大さじ3
にんにく…1かけ
オリーブオイル…大さじ3

黒胡椒…適量

1. トマトはざく切りにし、大葉は3等分に切る。
2. ボールにトマト、大葉、Aを入れ混ぜ、冷蔵庫で冷やす。
3. そうめんはたっぷりのお湯で茹で、冷水で洗い、しっかり水気を取る。
4. 2と3を和える。

速い 簡単

塩麹 豆乳きのこパスタ

きのこのうまみがぎゅっと詰まった
濃厚なのにヘルシーなクリームパスタ

材料〈2人分〉

ペンネ…160g
玉葱…1/4個
しめじ…1/2パック
舞茸…1/2パック
エノキ…1/2パック

A
豆乳…200cc
味噌…小さじ2
塩麹…小さじ2

オリーブオイル…大さじ1
インゲン豆…適量

1. きのこ類は石づきを取ってほぐし、玉葱はスライスする。
2. インゲン豆はさっと茹でて、小口切りにする。
3. たっぷりのお湯でペンネを茹でる。
4. フライパンにオリーブオイルを熱し、玉葱ときのこ類を炒める。
5. 茹でたペンネとAを加える。
6. 器に盛り、インゲン豆を飾る。

スパニッシュ風オムレツ

材料〈2人分〉
卵…4個／じゃがいも…½個
玉葱…¼個／ほうれん草…5枚
マッシュルーム…3個／トマト…½個
大豆水煮…10g／塩麹…小さじ2
バター…大さじ2／胡椒…適量

1. じゃがいもとトマトはいちょう切りにし、じゃがいもは水にさらす。
2. 玉葱とマッシュルームはスライスし、ほうれん草は2cmの幅に切る。
3. フライパンに大さじ1のバターを熱し、じゃがいも、玉葱、マッシュルームを炒める。
4. ボウルに卵を溶き、塩麹、胡椒、トマト、ほうれん草、大豆水煮、3を入れ混ぜる。
5. フライパンに残りのバターを熱し、4を入れ全体をかき混ぜる。
6. 蓋をして中弱火で蒸し焼きにする。
7. 全体が固まったら、裏返して中強火で1分程焼く。

塩麹ゴーヤチャンプル

材料〈2人分〉
ゴーヤ…1本
塩麹（または三五八漬けの素）…大さじ2
木綿豆腐…½丁／塩麹…大さじ1
スパム…½缶／卵…1個／鰹節…適量
オリーブオイル…大さじ2
醤油…大さじ1

1. ゴーヤは縦半分に切り、綿を取り、スライスする。
2. ビニール袋にゴーヤ、塩麹（または三五八漬けの素）を入れ、軽くもみ、冷蔵庫で30分から一晩置く。
3. 別のビニール袋に木綿豆腐、塩麹を入れ、冷蔵庫で30分から一晩置く。
4. スパムは短冊切りにし、卵はボウルに割ってほぐす。
5. フライパンにオリーブオイルを熱し、ゴーヤ、スパム、木綿豆腐を炒める。
6. 材料に火が通ったら、溶き卵を入れ、鰹節、醤油で味を調える。

簡単

カンパチの塩麹ぶっかけ丼

塩麹のチカラで、魚のうまみが引き出され
いつもの海鮮丼が極上の一品に

材料〈2人分〉
カンパチ（刺身用）…150g
塩麹…大さじ3
ごま…小さじ1
白髪葱…適量
わさび…適量
ご飯…適量

1. カンパチは食べやすい大きさに切る。
2. ビニール袋にカンパチ、塩麹を入れ、冷蔵庫で1時間程なじませる。
3. ご飯にカンパチをのせ、ごまをふりかけて白髪葱を飾り、わさびを置く。

ポイント

カンパチの代わりに鯖《サバ》や鯵《アジ》、鮪などでもおいしくいただけます。

ねばねば丼

簡単

材料〈2人分〉
納豆…2パック
オクラ…4本
長芋…5cm
めかぶ…1パック
塩麹…大さじ2
ごま…適量
きざみのり…適量
ご飯…適量

1. オクラは板ずりし、さっと茹でて小口切りにする。
2. 長芋はサイコロ切りにし、酢水につける。
3. 納豆に塩麹を入れ、混ぜる。
4. 3にオクラ、水気をきった長芋、めかぶ、ごまを入れ軽く混ぜる。
5. 4をご飯にのせ、きざみのりを飾る。

冷汁

簡単

材料〈2人分〉
きゅうり…1本
だし…2カップ
木綿豆腐…1/4丁
味噌…大さじ2
塩麹…小さじ1
すりごま…大さじ1
みょうが…1個
生姜…1かけ
ご飯（冷ましたもの）…適量

1. だしは冷ましておく。
2. きゅうりは薄い小口切り、みょうがと生姜は千切りにする。
3. 木綿豆腐は重石をし、水気を切り、サイの目切りにする。
4. 1〜3を合わせ、味噌と塩麹、すりごまも加え冷蔵庫で15分ほどなじませる。
5. 4を冷ましたご飯にかける。

甘酒を使った 千年こうじやに習う おいしいレシピ

飲む美容液ともいわれる甘酒。甘酒が苦手という人もいますが、本来麹から造られる甘酒は、砂糖は一切入っておらず、さらりとした自然な甘みで大変飲みやすいものです。料理にも使えますから、ぜひ試してみましょう。

甘酒の活用

様々な使い方を楽しんでみましょう。

- そのまま飲むのはもちろん、凍らしてシャーベットにしたり、フルーツや豆乳と混ぜてデザートとして楽しんでも。
- 煮物や炒め物を作るとき、甘みを足す調味料として、砂糖やみりんの代わりに加えて。
- 味噌や塩麹と甘酒を混ぜて、魚や肉を漬けてもおいしい。

甘酒の栄養

温めて冬に飲むイメージの甘酒ですが、元々江戸時代には、夏バテ防止のスタミナ飲料として、夏に飲まれていたもの。栄養たっぷりで、味は甘いですが、砂糖は入っていません。麹が発酵することによってブドウ糖が生成されるためで、すっきりした甘みになります。ブドウ糖は直接エネルギーになりやすく、太りにくいともいわれています。ビタミンやアミノ酸も多く含み、疲労回復、老化防止、新陳代謝の活発化など、様々な効果が期待できます。

『甘酒ができるまで』

甘酒は麹と米、水だけで作られています。家庭でも試すことができるので、簡単に作り方をご紹介します。

1. お米を、水を多めにお粥になるように炊く。

2. できたお粥を冷まし、麹、水とよく混ぜる。
※熱いと麹が死んでしまうので、冷ましてから麹を加えます。

3. 55℃で保温して、8時間くらい置く。
※家庭で作る場合、保温は炊飯器の保温機能などを利用します。炊飯器の蓋をあけ、ぬれた布を被せます。

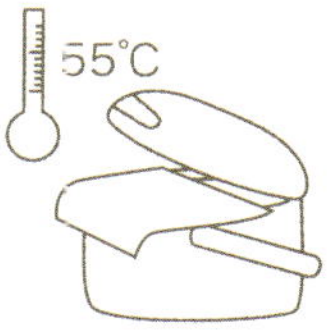

4. 麹の力でデンプンがブドウ糖に分解され、甘い飲みもののできあがり！

甘酒ドリンク

とろりとした甘みが特徴の甘酒は、
意外にもいろいろな食材との相性が抜群！
甘酒が苦手な方でもおいしくいただける
口当たりのよい4つのドリンクです。

材料〈各1人分〉

柚子

甘酒…50cc
柚子果汁…お好みで

トマト

甘酒…50cc
トマトジュース…50cc
レモン汁…小さじ1

抹茶ミルク

甘酒…50cc
牛乳…50cc
抹茶…小さじ½

黒ごまきなこミルク

甘酒…50cc
牛乳…50cc
黒ごまペースト…小さじ1
きなこ…小さじ1

つくり方

1. 材料を全て混ぜあわせる。
2. グラスに注ぐ。（お好みで氷を入れても）

小松菜の甘酒ごま和え

簡単 速い

小松菜のシャキシャキ感と甘酒の優しい甘さで
さっぱりとした風味のごま和えに

材料〈2人分〉
小松菜…½束
A
甘酒…大さじ1
練りごま…大さじ2
醤油…小さじ2
ごま…適量

1. 小松菜はたっぷりのお湯で茹で、冷水に取り、軽く絞って3cmに切る。
2. Aを混ぜ合わせ、小松菜と和える。
3. 仕上げにごまを散らす。

ポイント
小松菜の代わりにほうれん草、春菊、インゲン豆などでもおいしくいただけます。

はんぺん田楽

簡単 速い

見た目もかわいいふわふわ田楽は
濃厚味噌が食欲をそそる一品

材料〈2人分〉
はんぺん…1枚
A
味噌…大さじ2
甘酒…大さじ1

1. はんぺんは4等分に切る。
2. 片面にAをぬり、ほんのり焦げ目がつくまでオーブンで焼く。

人参と大根のなます

簡単

柔らかな酸味が特徴のサラダ感覚で食べられるお手軽なます

材料〈2人分〉
人参…½本
大根…¼本
塩麹…大さじ1
A 甘酒…大さじ1
酢…大さじ4

1. 人参、大根は皮をむき、ピーラーでスライスする。
2. ビニール袋に1と塩麹を入れ、よくもむ。（気になるようであれば水分を捨てる）
3. Aを加え、さらにもみ、なじませる。

麹ピクルス

簡単

材料〈2人分〉
きゅうり…2本
パプリカ…2個
セロリ…3本
カリフラワー…1個
人参…1本
A 甘酒…100cc
酢…200cc
塩麹…大さじ2

1. 人参、カリフラワーは一口大に切り、下茹でする。
2. きゅうり、パプリカ、セロリは一口大に切る。
3. 容器にAを混ぜ合わせ、野菜を入れて2〜3日漬ける。

ポイント
お好みで、季節の野菜を入れてお楽しみください。

蛸《タコ》のカルパッチョ

簡単

材料〈2人分〉

蛸（生食用）…150g
トマト…1個
ブラックオリーブ…1缶

A
塩麹…大さじ2
オリーブオイル…大さじ2
甘酒…大さじ1
酢…大さじ1
黒胡椒…適量

スイートバジル…適量

1. 蛸は食べやすい大きさに切る。
2. ブラックオリーブはざるにあげる。
3. トマトは湯むきし、2cmの角切りにして水気を切る。
4. ボウルに蛸、ブラックオリーブ、トマト、Aを入れ、冷蔵庫で1時間程なじませる。
5. 皿に4を盛り、スイートバジルを飾る。

豚ロースの甘酒味噌漬け

材料〈2人分〉

豚ロース…2枚

A
味噌…大さじ4
甘酒…大さじ2
塩麹…大さじ2
酒…大さじ1

オリーブオイル…適量

1. ビニール袋に豚ロースとAを入れて軽くもみ、冷蔵庫で一晩なじませる。
2. フライパンにオリーブオイルを熱し、1でなじませた豚ロースを焼く。

ポイント

漬けダレは、鮭《サケ》や鱈《タラ》などの魚とも合います。

れんこんの麹きんぴら

醤油を使わず色が綺麗なきんぴらは、冷めてもおいしくお弁当にもピッタリ

材料〈2人分〉
れんこん…½本
人参…¼本
ごま油…大さじ2
甘酒…大さじ1
塩麹…大さじ1
酒…大さじ2
鷹の爪…1本

1. れんこん、人参は大きめの千切りにし、酢水につける。
2. 鷹の爪は種をとり、輪切りにする。
3. フライパンに大さじ1のごま油、鷹の爪を熱し、れんこん、人参を炒める。
4. 酒、甘酒を加えて火が通ったら、塩麹で味を調える。
5. 最後に残りのごま油を回し入れ、香り付けする。

酒粕を使った
千年こうじやに習う おいしいレシピ

日本酒を造るとき、もろみを搾った後に残る搾りかすを酒粕といいます。搾りかすといえど、ビタミン、アミノ酸、食物繊維、酵母などが含まれ、栄養豊富な食品です。美肌やお通じにもいいといわれますので、ぜひ積極的に活用してみましょう。

酒粕の活用

- ●上質な板粕は、炙ってそのまま食べても。
- ●一番ポピュラーなのは粕汁。
- ●味噌と合わせて魚や肉の漬け床に。
- ●クリームシチュー、パスタなど、洋食にも使えます。

良い酒粕の見分け方

酒粕を見れば、その酒蔵の酒が分かるともいわれます。
良い酒粕を見分けるポイントは以下。

- ●色……白いものが良い。白いほど米を磨いている証拠。グレーのものは雑味が多い。
- ●香り……嗅いでみて心地よい香りと感じるもの。
- ●粒……粒が残っているのは、贅沢な酒造りをしていることと、酒粕にまだうまみ成分が残っている証拠。
- ●厚み……しっかり厚みがあるほうがいい。薄いものはうまみ成分も薄くなっている。

『酒粕ができるまで』

米と麹で造られる日本酒は、発酵するともろみと呼ばれる白いドロドロした液状になります。これを搾って固形部分を取り除いたものが日本酒、残ったものが酒粕です。

1. 材料は麹、米、水。麹と酵母によって発酵させ、日本酒を造ります。
2. できたもろみを布袋などに入れ、圧搾します。
3. 袋に残ったものが酒粕です。

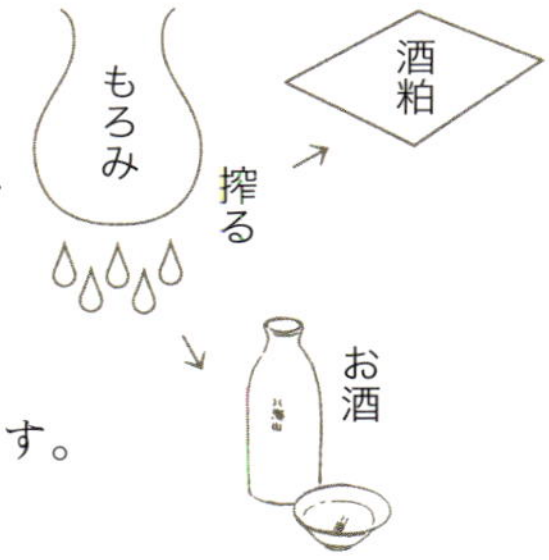

板粕と練り粕の違い

酒粕には板粕と練り粕の2種類があります。板粕とは、見た目が板状になっており、日本酒を搾ったときのそのままの形です。香りが良く、フレッシュで淡白です。練り粕は、板粕を踏み込んで空気を抜き、約6ヶ月熟成させたもの。アミノ酸が増え、コクも甘みも増してきます。なすやきゅうりなど、野菜の漬け床にすると味わいがよくなります。

酒粕グラタン

材料〈2人分〉
マカロニ…100g／カボチャ…1/2個
玉葱…1/4個／しめじ…1/2パック
厚切りベーコン…2枚
酒粕（板粕）…50g
お湯（酒粕を溶かす用）…200cc
ブイヨン…200cc／牛乳…200cc
塩麹…少々／胡椒…少々
シュレッドチーズ…適量
オリーブオイル…大さじ1
パセリ…適量／パルメザンチーズ…適量

1. 酒粕はお湯で溶かし、マカロニはたっぷりのお湯で茹でておく。
2. カボチャは一口大に切り、玉葱はスライス、ベーコンは1cm幅、しめじは石づきを取って半分に切る。
3. 鍋にオリーブオイルを熱し、ベーコン、玉葱を炒める。
4. 3にブイヨンを入れカボチャを加える。
5. 野菜に火が通ったら、溶かした酒粕と牛乳を入れ、塩麹・胡椒で味を調え火を止める。
6. 5を耐熱皿に移し、シュレッドチーズをのせオーブンで焦げ目がつくまで焼く。
7. 仕上げにお好みで、パルメザンチーズ、パセリをかける。

ほうれん草の酒粕白和え

材料〈2人分〉
ほうれん草…½束
人参…¼本
糸こんにゃく…¼パック

A
酒粕（練り粕）…大さじ2
味噌…大さじ1
豆腐…½丁
練りごま…大さじ2
甘酒…大さじ1

1. ほうれん草は茹でて2cmに切る。
2. 人参は短冊切りにして茹でる。
3. 糸こんにゃくは2cmに切り、さっと湯通しする。
4. 豆腐は水気を切る。
5. ボウルにAを入れ、滑らかになるまでよく混ぜる。
6. 5にほうれん草、人参、糸こんにゃくを入れ、木べらでさっと混ぜる。

酒粕クラッカー

材料〈作りやすい量〉

A
薄力粉…100g
酒粕（板粕）…30g
砂糖…20g
塩…2g

牛乳…25g
オリーブオイル…25g

1. Aをフードプロセッサーにかける。
2. 1に牛乳、オリーブオイルを入れ、混ぜる。
3. 2の生地をラップにのせ薄く伸ばし、スティック状に切る。
4. オーブンできつね色になるまで焼く。（180℃20分くらいが目安）

速い
簡単

酒粕クリームチーズパテ

材料〈2人分〉

A
酒粕（練り粕）…50g
クリームチーズ…50g
レモン汁…少々

クラッカー／パン…適量

1. クリームチーズは常温にもどし、やわらかくする。
2. Aを混ぜ合わせる。
3. お好みでクラッカーやパンに塗る。

ポイント

お好みでドライフルーツや干し柿、甘酒を少し入れても。

韓国風美肌スープ

材料〈2人分〉

豚ばら肉…50g
しめじ…¼パック
エノキ…¼パック
人参…¼本
長葱…½本
大豆もやし…½パック
キムチ（白菜／大根）…50g

A
酒粕（板粕）…50g
お湯（酒粕を溶かす用）…200cc
鶏がらスープ…600cc
豆乳…200cc

1. しめじ、エノキは石づきをとり半分にカットし、人参は千切り、長葱は斜めにスライスする。
2. 酒粕はお湯で溶かしておく。
3. 鍋に鶏がらスープ、溶かした酒粕、Aを入れ、ひと煮立ちさせる。
4. 野菜に火が通ったら豚ばら肉を入れる。豚ばら肉にも火が通ったら豆乳を入れ、火を止める。

酒粕&チーズの春巻き

ビールのおつまみにもぴったりな
あとひくうまさの大人のおやつ

材料〈2人分〉

春巻きの皮…4枚

A 酒粕（練り粕）…大さじ2
ブルーチーズ…30g
シュレッドチーズ…30g

オリーブオイル…大さじ2

メープルシロップ…お好みで

1. 春巻きの皮を広げ、Aをのせて包む。
2. フライパンにオリーブオイルを熱し、1を揚げ焼きにする。
3. 半分にカットし、お好みでメープルシロップをかける。

千年こうじやの「かぐら辛っ子」を使ったおいしいレシピ

神楽南蛮という、ピリリとした辛さと甘みを持った、魚沼ならではの郷土野菜を、麹と塩に2年半漬けた発酵調味料。料理にちょっと加えるだけで、味を引き締めてくれます。ついクセになってしまうような味わい。ぜひお試しを。

かぐら辛っ子
140g

かぐら辛っ子って知っていますか？

かぐら辛っ子は、新潟県魚沼地方では「南蛮じょうから」と呼ばれ、漬物や鍋ものの薬味にする等、昔から家庭で親しまれていた調味料でした。主な材料となる神楽南蛮は、魚沼を代表する伝統野菜のひとつです。辛いといっても唐辛子の辛さとはまた異なり、ふくよかな甘みを伴った、マイルドな辛さです。また、栽培方法が難しいため生産農家も少なく、希少な野菜となっています。この神楽南蛮を麹と塩に2年半漬けると、ピリリと引き締まった辛さの中に、独特のまろやかなうまみを持った、美味しい調味料になります。麹、塩、神楽南蛮という昔ながらのシンプルな材料で作られていますが、和洋様々な料理に合わせやすく、味のバリエーションを広げてくれます。

1. 材料になる神楽南蛮。ピーマンのようにも見えますが、トウガラシの一種です。

2. よく洗って種やワタを取り、細かく刻みます。

3. 塩とよく混ぜ合わせます。

4. 網袋に入れて一晩重石をし水を搾った後、一定期間寝かせてから麹と合わせます。

そのまま2年半貯蔵し、熟成させればできあがり。

千年こうじや

速い 簡単

たたききゅうりのかぐら辛っ子和え

さっと和えるだけの手軽な一品は
ポリポリしたキュウリの歯ごたえもおいしさの秘密

材料〈2人分〉
きゅうり…2本
A
かぐら辛っ子…大さじ2
醤油…大さじ1
酢…小さじ1
ごま油…小さじ1
ごま…適量

1. きゅうりは縞目に皮をむく。
2. ビニール袋にきゅうりを入れ、たたき割る。
3. Aをあわせ、2に入れ、軽くもむ。
4. 器に3を盛り、仕上げにごまを散らす。

速い 簡単

お手軽キムチ

まろやかな辛みが特徴の
たっぷり食べれるさっぱりキムチ

材料〈2人分〉
白菜…2枚
長葱…10 cm
かぐら辛っ子…大さじ2

1. 白菜は短冊切りに、長葱は小口切りにする。
2. 白菜と長葱をかぐら辛っ子と和え、なじませる。

ヌムチャム

速い
簡単

生春巻きや春雨サラダにぴったりのアジア風甘辛ソース

材料〈作りやすい量〉
塩麹…大さじ2
酢…大さじ2
かぐら辛っ子…大さじ1
甘酒…大さじ1
水…大さじ1
にんにく…1片

1. にんにくをすりおろす。
2. 材料を全て混ぜ合わせ、冷蔵庫で15分程なじませる。

辛っ子チャプチェ風

材料〈2人分〉
春雨（乾燥）…50g
ピーマン…1個
玉葱…¼個
人参…¼本
きくらげ…4個
もやし…½袋
ごま油…大さじ1
A
かぐら辛っ子…大さじ1
甘酒…大さじ1
醤油…大さじ1

1. 春雨は水洗いし、たっぷりのお湯で茹でる。
2. 玉葱はスライスし、ピーマンと人参は千切りにする。
3. もやしはさっと洗い、ひげ根を取る。
4. きくらげは水で戻し、汚れを取り、食べやすい大きさに切る。
5. フライパンにごま油を熱し、野菜類を炒める。
6. 野菜に火が通ったら、春雨を入れ、Aで味を調える。

ズッキーニの辛っ子炒め

材料〈2人分〉
メカジキ…100g
ズッキーニ…2本
パプリカ…1個
くるみ…50g
玉葱…¼個
塩麹…大さじ1
かぐら辛っ子…大さじ2
酒…大さじ1
オリーブオイル…適量
片栗粉…適量

1. メカジキは塩麹をまぶし、冷蔵庫で30分ほど置く。
2. ズッキーニは輪切り、パプリカは乱切りに、玉葱はくし型に切る。メカジキに片栗粉をまぶす。
3. フライパンにオリーブオイルを熱し、メカジキを炒める。
4. 表面に色がついたら、ズッキーニ、パプリカ、玉葱を入れて炒める。
5. かぐら辛っ子、酒を入れて味を調える。
6. くるみを入れて、さっと炒める。

千年こうじやの「三五八漬けの素」を使ったおいしいレシピ

三五八漬けは、主に日本の北部でよく作られる郷土料理で、塩、麹、米をそれぞれ三、五、八の割合で使うため、そう呼ばれます。千年こうじやのふるさとである新潟県・魚沼地方でも、昔からこの漬物がよく作られていました。

三五八漬けの素
300g

きゅうりの三五八漬け

材料〈作りやすい量〉
きゅうり…5本
三五八漬けの素…大さじ3

1. きゅうりに三五八漬けの素をぬり、重石をして2〜3日漬け込む。

※人参や大根を漬ける場合も同様に。三五八漬けの素は素材の15％前後が目安です。

千年こうじやの「麹」を使ったおいしいレシピ

大根、ニンジン、白菜、身欠きにしんなどを麹と合わせて漬けると、全体に味がまあるくなじみます。そのときにある野菜を乱切りにして、なんでもやたらに漬けるため、やたら漬けといわれるそうです。雪国ならではの、冬の贅沢な保存食です。

麹（生）
300g

やたら漬け

材料〈作りやすい量〉

麹…100g
お湯（麹を戻す用）…麹がひたひたに浸かる量
野菜（大根、白菜、糸瓜、人参、水菜、など）…全体で500g位になるように
身欠きニシン…⅔本
味漬け干しだら…20g
食塩水（3%の濃度）…野菜がひたひたに浸かる量
塩…適宜

1. 麹を50℃以下（46℃くらいが良い）のお湯に入れ、保温状態を保つために蓋のできる発泡スチロールの中で一晩寝かせ戻す。
2. 身欠きニシンも水（お湯で戻すと皮が剥がれるので、必ず水か米のとぎ汁を使う）で一晩戻す。
3. 乱切りにした野菜を食塩水に浸し、重しをして一晩漬け込む。（途中で少し水を加えるとよく味が染み込む）
4. 野菜の水をよく切り、塩気が足りない場合は塩を加える。
5. 1と骨をそぎ切りして一口大に切った身欠きニシン、味漬け干しだらを加え、さらに2~3日漬け込む。

千年こうじやの「塩麹」「酒粕」と「だし」を使ったおいしいレシピ

麹のうまみとだしのうまみでおいしさは倍増。どちらも日本の食文化を支えてきた、おいしさの素です。千年こうじやのふるさと新潟県魚沼にある、こだわりのそば屋のオリジナルのだしを料理に活用しました。

塩麹
140g

酒粕
300g

長森のだし
20パック

粕汁

材料〈4人分〉

酒粕…100g
お湯（酒粕を溶かす用）…500cc
長森のだし（出し汁）…300cc
味噌…大さじ1
白菜…1/8個／人参…1/3本
大根…1/3本／芹…1束
長葱…1/3本／鮭…2切れ
牡蠣…4個／生姜…適量

1. 酒粕にお湯をちょうどかぶる位入れ温め溶かす。
2. 一口大に切った白菜、いちょう切りにした人参と大根を長森のだし（出し汁）で煮て味噌で味つける。
3. 一口大に切った鮭をひたひたの水でさっと煮る。塩気のある煮汁は2に加え、味付けに使う。
4. 牡蠣はあまり火を通しすぎないようだしで煮る。煮汁は2に加える。
5. 芹は3cm、長葱は4mm幅の斜め切りにする。
6. 2の鍋に芹と長葱を加え、溶かした酒粕を濾しながら入れる。
7. お椀に鮭と牡蠣を入れ、6の酒粕汁を注ぎ、最後におろし生姜をのせる。

塩麹あんかけ海老チャーハン

材料〈2人分〉
ご飯…300g／塩麹…大さじ2
長葱…5cm／卵…2個
レタス…3枚／小海老…50g
万能葱…3本
長森のだし（粉末）…½パック
長森のだし（出し汁）…300cc
醤油…大さじ1／片栗粉…大さじ1
オリーブオイル…大さじ3

1. ご飯に塩麹を入れ、しゃもじで切るように混ぜる。
2. 長葱は粗みじんに、万能葱は小口切りにする。
3. 小海老は背綿をとり、さっと塩茹でする。
4. 鍋に長森のだし（出し汁）を温め、小海老を入れ、片栗粉でとろみをつける。
5. フライパンにオリーブオイルを熱し、解きほぐした卵を入れ、ご飯を炒める。
6. パラパラになるまで炒めたら、長森のだし（粉末）、長葱を加え、さっと炒める。
7. 最後に醤油、レタスを入れて、火を止める。
8. チャーハンを器に盛り、4のあんをかけ、万能葱を散らす。

●そば屋　長森
旧家の一部を移築した趣ある佇まいの日本家屋で、四季折々に表情を変える美しい里山の風景を眺めながら、元日本料理板前による、素材と味にこだわった、絶品のそばをいただけます。

新潟県南魚沼市長森 415-23
025-775-3887
月～金　11:00～15:00（L.O.14:30）
土日　11:00～19:00（L.O.18:30）
無休（元旦のみ休み）
http://www.uonuma-no-sato.jp/sobaya/

料理家久富信矢さんの

手軽にリッチなおもてなし料理

麹や甘酒という発酵食品は、洋食にもぴったり。
いつもの食卓はもちろん、パーティでも喜ばれる
見た目も華やかなおいしいレシピをご紹介。

久富信矢さん
ハンバーガーショップ「GOLDEN BROWN」オーナー で料理家。
イタリア料理店やカフェなどを手がけてきた経験から、
本格的でかつオリジナリティあるおいしい料理のケータリングも行う。

ソムタム風 糸瓜とかぐら辛っ子のサラダ

材料〈2人分〉
糸瓜（ほぐしたもの）…300g
きゅうり…1本
プチトマト…10個
香菜…1束
塩…大さじ1
《ソース》
A
ピーナッツ…20g
干し海老…10g
青唐辛子…1本
かぐら辛っ子…大さじ1
ナンプラー…大さじ3
ライム汁…1個分
三温糖…15g

《下処理》
1. 糸瓜は4cm角にカットし、スプーンで種とワタを取り除く。
2. 沸いた湯に塩（分量外）を少々入れ、10分ほど茹でる。
3. 茹で上がった糸瓜を冷水に入れ、指先で果肉部分を押し出すように糸状にほぐす。
4. 水を切り塩大さじ1を振りかけ塩もみし、5分ほど置いて固く絞る。

《調理》
5. ピーナッツはビニール袋に入れ細かく砕き、干し海老は湯で戻し、青唐辛子は薄く輪切りにする。
6. Aをよく混ぜ合わせソースを作る。
7. きゅうりは縦に半分に切ったあとスライスし、プチトマトは1/4にカットする。
8. 下ごしらえした糸瓜と胡瓜を6のソースと混ぜ合わせる。
9. 仕上げにプチトマトと細かく刻んだ香菜を全体にまぶす。

豚肉とゴボウと酒粕のラグー

材料〈2人分〉
豚肩ロース（ブロック）…150g
塩麹…大さじ1／ごぼう…1本／玉葱…½個
人参…½個／にんにく…1片
酒粕…大さじ2／ローズマリー…1枝
フォンドヴォー…150cc
セミドライトマト…1片／生クリーム…大さじ1
パスタ（リングイネ）…200g
パルメザンチーズ…大さじ2
オリーブオイル…適量／塩…少々
セージ…2枚

1. 豚肩ロースに塩麹をまぶして、包丁で粗めにミンチする。
2. ごぼうは4cmにカットし、さらに縦も半分にカットする。
3. 熱したフライパンにオリーブオイルとみじん切りにしたにんにくを入れ、泡と香りが立ってきたら、ローズマリーを加える。
4. みじん切りにした玉葱、人参も3に加え、弱火で甘くなるまで20分ほど炒める。
5. 4にごぼうと豚肉を入れて火を通す。
6. フォンドヴォーと酒粕も加え、5分ほど煮詰める。
7. ドライトマト、生クリームを加え、塩で味を調える。
8. 茹で上がったパスタと7のソースを絡め皿に盛り、パルメザンチーズを全体に振りかけ、セージを飾る。

ホタルイカの塩麹ジェノヴェーゼ

簡単

材料〈2人分〉

ホタルイカ（ボイル）…100g
バジル…1パック／大葉…10枚
パセリ…1枝／塩麹…大さじ1
オリーブオイル…200cc／にんにく…1片
松の実…小さじ1／パルメザンチーズ…小さじ1

1. ミキサーにバジルの葉、大葉、パセリの葉をちぎり入れ、すりおろしたにんにく、オリーブオイル、塩麹を加えてペースト状にする。
2. 1に松の実を加えて粒が残る程度にミキサーにかけ、バジルソースを作る。
3. ホタルイカの目は硬いので取り除き、バジルソースを大さじ2入れ混ぜ合わせる。
4. 仕上げにパルメザンチーズをかける。

玉葱と塩麹のドレッシング

速い 簡単

材料〈作りやすい量〉

玉葱…100g／りんご…50g
人参…100g／卵…2個
すり白ごま…40g／にんにく…1片
醤油…100cc／塩麹…50cc
サラダ油…400cc

1. 玉葱、りんごは一口大にカットし、人参はスライス、にんにくはすりおろす。
2. 材料を全てミキサーに入れ、よく撹拌する。

甘酒グリーンスムージー

速い 簡単

材料〈2人分〉

キウイ…2個
りんご…½個
ほうれん草…70g
大葉…5枚
レモン汁…¼個
甘酒…200cc

1. 野菜と果物を適当な大きさにカットする。
2. 全ての材料をミキサーに入れて撹拌する。

ポイント
リンゴの皮にはポリフェノールが多く含まれているので、よく洗ってから皮ごと使います。

塩麹フレンチトースト

材料〈2人分〉
バゲット…1本
牛乳…300cc
生クリーム…100cc
砂糖…40g
塩麹…小さじ2
卵…2個
卵黄…6個分
バター…20g
マスカルポーネチーズ…適量
くるみ…適量
メープルシロップ…適量

1. 熱した牛乳に砂糖を溶かし、生クリーム、卵、卵黄、塩麹を入れ、卵液を作る。
2. バゲットを5cm幅に切り、さらに底面の固い部分を薄く削いで、卵液が染み込みやすくする。
3. 切ったバゲットを卵液に浸し、冷蔵庫で一晩置く。
4. 熱したフライパンにバターを溶かし、3を並べ、フタをしてこんがりときつね色になるまで、片面5分ずつ弱火で焼く。
5. 皿に盛り、マスカルポーネチーズ、クルミ、メープルシロップをたっぷりかける。

小松菜の甘酒ポタージュ

材料〈2人分〉
小松菜…1束
玉葱…1/4個
じゃがいも…1/2個
甘酒…150cc
豆乳…150cc
スープストック…400cc
生クリーム…50cc
バター…10g
ローリエ…1枚
グリーンピース…適量
おくら…1本

1. フライパンにバターを溶かし、スライスした玉葱をしんなり透き通るまで炒める。
2. スライスしたじゃがいも、ざく切りにした小松菜をフライパンに加え、全体がしんなりしてきたら、スープストック、ローリエを入れる。
3. 10分ほど煮てじゃがいもが柔らかくなったら、ローリエを取り出し、ミキサーでペースト状にする。
4. 再び鍋に戻し、豆乳、甘酒を入れてひと煮立ちさせ、塩で味を調える。
5. 仕上げに生クリームを加え全体をなじませたら、茹でたグリーンピースと、茹でて縦に半分にカットしたオクラを飾る。

速い 簡単

塩麹フルーツと生ハムのサラダ

材料〈2人分〉
白桃…1/4個
いちじく…1個
マンゴー…1/4個
塩麹…小さじ1.5
生ハム…100g
バルサミコクリーム
(煮詰めたバルサミコ酢)…小さじ1
オリーブオイル…50cc
レモン汁…1/2個

1. フルーツを一口大にカットしてボウルに入れ、塩麹を全体に和える。
2. 1を皿に並べ、一口大にカットした生ハムをかぶせる。
3. バルサミコクリーム、レモン汁、オリーブオイルを混ぜ合わせ、全体にかける。

かぐら辛っ子のエスニックエビチリ

材料〈2人分〉
海老（ブラックタイガー）…200g
トマト…2個／にんにく…1片／生姜…1片
長葱…1/4本／かぐら辛っ子…大さじ1
醤油…小さじ1／ナンプラー…大さじ1
砂糖…小さじ1/2／ごま油…大さじ1／香菜…1/2束
酒…大さじ1／塩…適量／胡椒…適量／片栗粉…適量
《下処理用》
片栗粉…大さじ2／卵白…1個分
塩…ひとつまみ／酒…大さじ1

1. 海老は殻をむき、背側に包丁を入れて背わたを取る。
2. 1に片栗粉をまぶし、水をひたひたに入れたボウルの中でよくもみながら汚れを落とす。
3. 流水で洗った2を、卵白と塩ひとつまみと混ぜる。
4. 沸騰した湯に酒大さじ1を入れ、3を1分ほど茹でてざるに上げる。
5. トマトは一口大に、にんにくと生姜と長ねぎはみじん切りにする。
6. 熱したフライパンに、ごま油を入れ、にんにく、生姜、長葱を香りが出るまで炒める。
7. 6にトマト、かぐら辛っ子、醤油、ナンプラー、酒、砂糖を加え、トマトが半分くらい崩れるくらいに炒める。
8. 7に4と、みじん切りにした香菜の茎の部分を加えたら、塩と胡椒で味を整え、水溶き片栗粉を入れ全体にとろみをつける。
9. 皿に盛り、香菜の葉の部分を飾る。

フードデザイナーたかはしよしこさんの

おうちで女子会ハッピーレシピ

身体によくてとびきりおいしいメニューで
ホームパーティーはいかが？
大好きな女友達と囲む食卓の主役になるはず！

たかはしよしこさん
オーダーメードのケータリングが人気のフードデザイナー。
“おいしい”を追求し開発したオリジナル調味料
「エジプト塩」も扱うフードアトリエ「S/S/A/W」がオープン。

うどのかぐら辛っ子キンピラ春巻

材料〈4人分〉
うど…1本
人参…1本
ゴーダチーズ…適量
かぐら辛っ子…大さじ1
春巻きの皮…8枚
ごま油…大さじ2
みりん…大さじ3
醤油…大さじ3
油…適量

1. うどと人参はキンピラ用に千切にし、うどは酢水で灰汁を抜き、水気を切る。
2. ゴーダチーズは小さくカットする。
3. うどと人参をごま油で炒め、みりんと醤油を加える。
4. 水気がなくなるまで炒めたら、かぐら辛っ子を入れて味を整え、粗熱を取る。
5. 春巻きの皮の上にキンピラとゴーダチーズのせ、しっかり巻く。
6. 170℃くらいに熱した揚げ油で、カラリと揚げる。

冷えとり美肌（コラーゲン）スープ
天然鯛と大根の酒粕仕立て

材料〈4人分〉
鯛…1尾（約500g）
〈骨・頭部分(出汁用)約300g、身部分約200g〉
水（出汁用）…1ℓ
塩（出汁用）…小さじ1
塩麹…大さじ3
大聖護院大根…130g
酒粕…50g
甘酒…50cc
生姜…10g
芹…½束
米油…適量
塩…適量
片栗粉…適量

1. 鯛をさばき、身をカットして塩麹に漬ける。
2. 鯛の骨と頭はこんがりと焼いてから、水1ℓに塩小さじ1を入れ出汁をひく。
3. 聖護院大根の皮をむいて、スライスする。
4. 細切りにした生姜を米油で炒めて香りが出たら、大根と塩少々も加え炒める。
5. しんなりしたら、2の出汁を材料が浸るくらい入れ、大根が柔かくなるまで煮込む。
6. 粗熱が取れたらミキサーでポタージュ状にし、鍋に戻し温める。
7. 残りの出汁、酒粕、甘酒、塩小さじ1を入れ味を整える。
8. 1の鯛に片栗粉をまぶし、焼き付ける。
9. 7のスープを器に盛り、仕上げに鯛を飾る。

米麹の自家製パンゴルゴンゾーラと酒粕パテ

《米麹の自家製パン》
材料〈作りやすい量〉
米麹…300g／水（麹を戻す用）…300cc
強力粉…350g／水…100cc／塩…6g
ドライイースト…8g

1. 麹に同量の水を加え混ぜ、炊飯器に入れて保温にし、3時間置いて麹を戻す。
2. 戻した麹に強力粉と水を加え混ぜ（様子を見ながら水は加減する）、塩とイーストも加えよくこねる。
3. 2をボウルに入れてラップをして1次発酵させる。（生地が2倍程度に膨らみ、指を差し込んでも穴がそのまま残っている状態が目安）
4. 膨らんだ生地を手で押さえガス抜きをしたら、分割して棒状に成形する。
5. 再び2倍程度に膨らむまで休ませ、2次発酵させる。190℃に予熱したオーブンで18分焼き、120℃に下げて12分焼く。

《ゴルゴンゾーラと酒粕パテ》
材料〈作りやすい量〉
ゴルゴンゾーラ…100g／酒粕…100g
黒胡椒…15粒／岩塩…3つまみ
蕎麦のはちみつ（仕上げ用）…適量
煎り麦芽（仕上げ用）…適量

1. 仕上げ用以外の材料を全てフードプロセッサーに入れ軽く混ぜ合わせ、冷蔵庫で冷やし固める。
2. 薄くスライスしたパンの上にパテをのせ、仕上げに麦芽を飾り、はちみつをかける。

イカのさっと煮 梅麹仕立て

材料〈4人分〉
スルメイカ…1杯
酒…50cc
塩麹…大さじ1.5
梅干（梅麹ペースト用）…2個
塩麹（梅麹ペースト用）…小さじ1

1. スルメイカはよく洗い輪切りにし、足もカットし、塩麹で1時間ほど漬け込む。
2. 漬けている間に、梅干と塩麹をミキサーかけて梅麹ペーストを作る。
3. 1時間経ったら、酒を火にかけて沸いたところにイカを入れ、さっと酒蒸しする。
4. 3を器に盛り、鍋に残った汁で梅麹ペーストをのばし、スルメイカにかける。

甘酒のだし巻き卵 辛っ子大根おろしのせ

材料〈作りやすい量〉
卵…3個
甘酒…大さじ3
出汁…大さじ3
しょうゆ麹…大さじ1
かぐら辛っ子…小さじ1弱
大根おろし…100g

1. 卵を溶き、甘酒、出汁、しょうゆ麹を加え混ぜ、だし巻き卵を作る。
2. 大根おろしとかぐら辛っ子を混ぜる。
3. だし巻き卵を適当な大きさに切り、2をたっぷりのせる。

塩麹アジメンチカツ
ふきのとう麹味噌と
一緒に

《塩麹アジメンチカツ》

材料〈1個60gで8個分〉
鯵(ミンチ)…350g
山芋…40g
卵…½個
塩こうじ…大さじ2
玉葱…中玉½個
すりおろし生姜…小さじ1
パン粉(衣用)…適量
溶き卵(衣用)…適量
小麦粉(衣用)…適量
揚げ油…適量

1. 玉葱はみじん切りにし、しんなりとして水気が飛ぶくらい炒める。
2. 鯵(ミンチ)に、粗熱を取った1と他の材料を入れてよく混ぜる。
3. 小麦粉、溶き卵、パン粉の順に衣を付け、180℃に熱した油で色よく揚げる。
4. 器に盛り、ふきのとう麹味噌をつける。

ポイント
ふきのとう麹味噌は保存がきくので、たっぷり作っておかず味噌としてどうぞ。

《ふきのとう麹味噌》

材料〈作りやすい分量〉
味噌…225g
麹…45g
お湯(麹を戻す用)…45cc
ふきのとう…150g
ごま油…大さじ2
酒…大さじ2
みりん…大さじ2

1. 麹は同量のお湯(50~60℃)で湿らせ、容器をタオルなどで巻いて保温し、3~5時間ほど暖かい所に置いて戻す。
2. 味噌と戻した麹を混ぜ合わせる。
3. 刻んだふきのとうをごま油で炒め、2の味噌と、みりん、酒を入れて、軽く炒める。

簡単

季節野菜のすりおろし塩麹ドレッシング

材料〈作りやすい量〉
野菜…季節のものお好みで/米油…適量/塩…適量
《ドレッシング》
玉葱…100g/大根…150g
人参…100g/米酢…150cc/米油…200cc
オリーブオイル…大さじ1/塩麹…大さじ4

1. 生野菜は洗い、茹で野菜はさっと色よく茹でる。焼き野菜は一口大サイズにカットし、米油と塩でさっとコーティングし、オーブンで焼く。(竹串が通るくらい、180℃で20分ほどが目安)
2. ドレッシング用の野菜をすりおろし、他の調味料と混ぜ合わせる。
3. 2を季節野菜にたっぷりかける。

パティシエ佐藤浩一さんの

麹を使ったおいしいお菓子

バター、生クリーム、チーズなど洋の材料と麹を絶妙なバランスで合わせた、優しく上品な味わいのおやつ。

麹のうまみがふわりと口の中に広がります。

佐藤浩一さん
さとやのパティシエ。麹や酒粕を使った新感覚の洋菓子・和菓子を開発。
常に研究熱心で、休日もお菓子を求めて全国各地を訪ね、
多くのパティシエと親交を深めている。
地元の洋菓子店パティスリー・シュクレのオーナーパティシエでもある。

甘酒と塩麹のパンナコッタ

舌の上でさっと溶け、柔らかなうまみが後味に

材料〈6人分〉
塩麹…20g
甘酒…330cc
板ゼラチン…9g
生クリーム（脂肪分40％）…250cc
《飾り用》
小豆…お好みで
栗の甘露煮…お好みで
きなこ…お好みで
黒蜜…お好みで

1. 塩麹はフードプロセッサーなどで粒を滑らかにし、甘酒と混ぜる。
2. 板ゼラチンはひたひたの冷水で柔らかく戻す。生クリームは6分立てに泡立てておく。
3. 1の1/3程度を少しだけ別に取り、70~80℃に温めて、2のふやかしたゼラチンと混ぜ、溶かす。
4. 3に残りの1を混ぜ合わせる。ボウルの底に冷水を当て、冷やしながら混ぜる。
5. 4が冷えてきてヨーグルト状にとろんとしてきたら、生クリームを合わせる。（温かいと生クリームが溶けてしまうため、十分に冷えてとろみが出てきてから加えること）
6. 器に入れ、冷蔵庫で一晩固める。食べるときはお好みで、小豆、栗、きなこ、黒蜜などをトッピングする。

塩麹のブール・ド・ネージュ

サクサクと軽い食感がやみつきになりそう

材料〈80個分〉
酒粕（板粕）…60g
発酵バター…240g
グラニュー糖…120g
薄力粉…200g
米粉…40g
アーモンドプードル…180g
スキムミルク…20g
塩麹…30g
あられ…100g
粉砂糖…適量

1. 酒粕と発酵バターをフードプロセッサーにかけ、混ぜ合わせる。若干つぶつぶが残った状態でもOK。
2. 1にグラニュー糖、塩麹を加え、フードプロセッサーで混ぜてペースト状にする。
3. 2をボウルに移し、ふるった粉（薄力粉、米粉、アーモンドプードル、スキムミルク）を入れてさっくりと混ぜ、次にあられも加える。
4. ラップをして冷蔵庫で20～30分休ませる。
5. 冷蔵庫から出した4の生地を直径3cmくらいのおだんご状に手で丸め、160℃のオーブンで15～20分焼く。
4. 焼きあがったら、まだ温かいうちに粉砂糖で一度まぶし、冷めて粉砂糖が若干溶けてきたら、もう一度粉砂糖をまぶすときれいに仕上がる。

※薄力粉、米粉、アーモンドプードル、スキムミルクは合わせてふるっておく。
※あられは、もち米を180℃の油でさっと揚げて、手作りするとおいしい。

塩麹とチーズのおつまみスティックパイ

ワインにもぴったり、後を引くうまさ

材料〈20本分〉
中力粉…200g
（ないときは薄力粉と
強力粉100gずつでもOK）
グラニュー糖…20g
発酵バター…150g
（バターはサイコロ状に細かく
切り、冷蔵庫で冷やしておく）
黒胡椒（粗挽き）…2g
塩麹…60g
甘酒…60g
冷水…20g

《飾り用》
溶き卵…適量
粉末エダムチーズ…50g
（粉末チーズならなんでも良い）
粉末パプリカ…少々
ごま…少々
ケシの実…少々

1. ボウルに中力粉と黒胡椒とバターを入れ、カードなどで切るようにし、さらさらのサブレ状になるよう混ぜ合わせる。
2. 真ん中に穴を作り、塩麹、甘酒を入れ、土手を崩すようにさっくりと合わせる。
3. 粉気がなくなり、ひとまとまりになったら、ラップをして冷蔵庫に入れ、少なくとも2~3時間、できれば一晩寝かせる。
4. 3をめん棒で平たく伸ばし、布団をたたむように3つ折りにたたむ。（たたんだときに真四角になるように、少し長めの長方形に伸ばすとよい）
5. ラップにくるんで冷蔵庫で20~30分休ませる。今度は逆方向にめん棒で伸ばして同様に3つ折りにし、再度ラップして冷蔵庫で20~30分休ませる。
6. めん棒で4㎜の厚さに伸ばし、長さ10㎝、幅1.5㎝の棒状にカットする。表面に溶き卵を塗り、ごま、ケシの実、粉末エダムチーズ、パプリカ等を好みでまぶす。180℃のオーブンで15~20分焼く。

久富信矢さんのお店

ゆっくりした時間も愉しむ、大人なハンバーガーショップ

●GOLDEN BROWN
東京都目黒区東山 2-3-1
TEL　03-6661-8560
OPEN 11:00～26:00
（日祝月は22:00まで、無休）

●GOLDEN BROWN omotesando
東京都渋谷区神宮前 4-12-10　表参道ヒルズ 3F
TEL 03-6438-9297
OPEN 11:00 ～ 23:00
（日祝は 22:00 まで、無休）

イギリスのパブの様な佇まいの中目黒にある本店と、落ち着いた雰囲気の表参道ヒルズ店では、どちらでもファストじゃない、お酒にも合う本格的なバーガーが堪能できる。

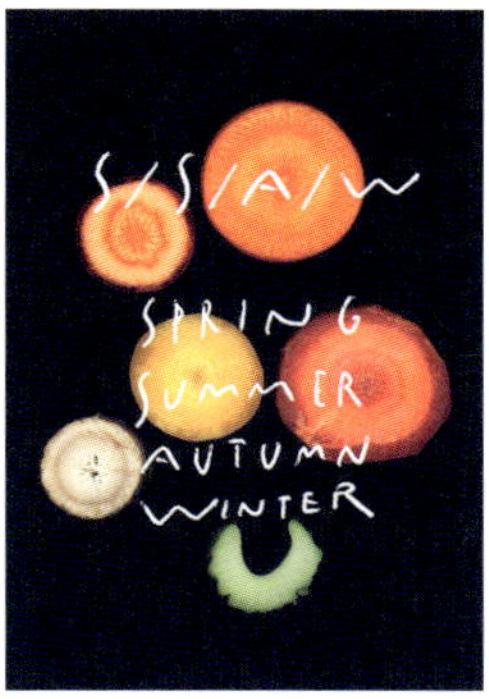

たかはしよしこさんのお店

四季の“美味しい”を感じることのできるフードアトリエ

●TAKAHASHI YOSHIKO FOOD ATELIER　S/S/A/W
東京都品川区荏原 5-5-15-1F
TEL 03-3782-5100
OPEN 18:00～22:00（金土日のみ不定期に開店）
http://s-s-a-w.com/　必ずホームページをご確認の上ご予約ください。

「S/S/A/W（SPRING/SUMMER/AUTUMN/WINTER）」という名前からも季節を感じるフードアトリエは、ケータリング、エジプト塩の販売、イベントの他、週末は予約制のレストランとして営業中。

佐藤浩一さんのお店

地元魚沼の人々に愛される、厳選素材を使った和と洋のお菓子屋さん

●さとや
新潟県南魚沼市長森 415-23
TEL 025-775-3899
OPEN 10:00 ～ 17:00
（無休、元旦のみ休み）
http://www.uonuma-no-sato.jp/

●パティスリー・シュクレ
新潟県南魚沼市六日町 46-7
TEL 025-773-2166
OPEN 9:30 ～ 19:00
（火曜日定休）
http://p-sucree.com/

「さとや」では日本酒や酒粕などの雪国の恵みを加えた和と洋の新しい味が、「パティスリー・シュクレ」では厳選素材にこだわった目にも楽しい洋菓子がショーケースに並ぶ。

コラム2

麹はこんなに身体にいい！

美容・健康に効く、といわれる麹。発酵食品は腸内環境のバランスを良くし、免疫力を上げてくれます。麹の持つ様々なパワーを知り、日々の暮らしにぜひ取り入れてみて下さい。

脂肪を燃やし、ダイエットにも

麹には、コレステロールや中性脂肪を抑制する作用があり、また整腸作用で便秘も解消。脂肪を燃焼しやすく、太りにくい体質に改善してくれます。

消化・吸収を助ける

酵素の分解能力により、食物の細胞が細かく分解されて柔らかくなるため、身体の負担を減らし、よりスムーズに栄養を消化・吸収できます。

美肌になり髪もツヤツヤに

麹にはコラーゲンやヒアルロン酸の生成を即す成分が含まれています。

また発酵の際に生成されるアミノ酸やビタミンB群も豊富で、これらは肌や髪の美容に関わっています。

腸内環境を整えてデトックス

食物の栄養が消化・吸収されやすくなるため、腸内環境が良くなります。また、麹の持つ酵素や栄養素は腸の細菌バランスを整える働きも。老廃物を排出し、デトックスに効果があります。

代謝が上がり、若返りに効果大

酵素たっぷりの麹を摂取することで、体内酵素を助け、代謝が上がります。代謝が上がるということは、健康的で生き生きとした身体になること。アンチエイジングにも麹のパワーが役立っています。

免疫力アップ！健康な身体に

人間の免疫力は70％が腸で決まるといわれています。腸内環境が良ければ免疫力もアップ！病気になりにくい身体になり、元気で若々しくいられるのです。

第三章　魚沼の里を訪ねて

魚沼の里を訪ねて

日本でも有数の豪雪地帯、魚沼。

「雪のお布団が、土をゆっくり眠らせてくれる」

暖かくなったらおいしい野菜がいっぱいできるように。

冬の間にたくさん降った雪が、
春、夏、秋に恵みをもたらしてくれます。
透き通った清らかな水が田畑にたっぷりと注がれ、
農作物はすくすくと育ちます。
だから春が来ると魚沼の人は、
「春の匂いがする、音がする」と
五感の全てを使って春を感じます。

魚沼

高い食文化が深く息づく町

霊峰、八海山のふもとに湧く清らかな名水、藤原神社の雷電様の水。
清酒・八海山の仕込み水にもなる。

新潟県の魚沼地方は海からも遠く離れた山あいの里。冬には2、3m、多いときは4m以上積もることもあるという、雪深い地域です。冬の間は農作業もできず、畑は雪に覆われ、見渡す限り真っ白な風景。八海山のおっかさまと親しまれる南雲仁さんは、前社長・故南雲和雄さんとの結婚をきっかけにこの街へやってきました。「私は海沿いの町の出身で、新鮮な魚が身近にあって当たり前の環境で育ちました。だから20歳で最初に魚沼に来たときは、雪深いばかりで何もなく、正直嫌だなと思っていたんです。ところがあるとき、80歳のおばあさまが、『冬は雪のお布団が畑をゆっくり眠らせてくれる』と表現されていて、あっ、そうか、と気づきました」。魚沼の人の文化度の高さに圧倒された言葉だった、と仁さんはいいます。山奥深く、厳しい気候があるからこそ、どうやったらよりおいしく食事を楽しめるか、豊かな暮らしを過ごす秘訣を魚沼人は知っている。乾燥、塩漬け、そして発酵。工夫を凝らした豊富な保存食文化が発達したのは、この土地のおかげと知りました。厳しい気候でも、四季を通じて自然の恵みを感じ、土地の魅力を見つけていく喜び。人とのつながりを大切にする仁さんは、酒蔵にお客さんを招いては、地元の食材を使った料理で度々もてなしたそうです。「地域のおかげ、先祖のおかげで私たちは生かされている。その感謝の気持ちを表すのが料理です。だから地元の素材をふんだんに使おうと思いました」。仁さんの料理は、この地に生まれ育ち、現在の八海山の料理人である関由子さんに引き継がれています。今でもお座敷に招かれると、棒鱈《ダラ》、身欠ニシン、塩くじらなど、保存に適した処理を施された魚や、山菜、神楽南蛮、巾着なすなど、魚沼ならではの野

菜を使った郷土料理が並びます。また、麹の里と呼んでもいいくらい、発酵文化と関わりが深い魚沼。特に伝統的なもののひとつは三五八漬けで、塩を3、麹を5、炊米を8の割合で作った漬け床に野菜などを漬けたもの。会津などが有名ですが、ここ魚沼でも昔から大寒の頃にこの漬け床を仕込んでゆっくり発酵させ、夏になって野菜がたくさん採れる頃に漬物として利用するのだそうです。現在の塩麹の由来ともいえる伝統食です。さて、お酒造りに関していえば、雪が降ると蔵人たちは「これで杜氏の機嫌が良くなる」というそうです。これは雪が空気中の雑菌を地面に落としてくれるため、空気がきれいになり、発酵がうまく行くからだとか。また春には雪が溶けて地下に蓄えられるので、澄んだきれいな水が豊富に湧いています。八海山で使う水は、全て霊峰八海山の伏流水である雷電様の清水を直接引いたもの。古くから「長寿の水、甘い水、雷電様の水」と呼ばれ、地元に親しまれている湧き水です。湧水量は一日400トン。八海山の仕込み水はもちろん、飲料水も機械の洗浄に使う水も、蛇口をひねれば全て雷電様の水、というくらい、良質な水に恵まれた地域なのです。雪深く清らかな水と空気のある環境、古来より続く発酵・保存食文化、これらが魚沼をより情緒的で心豊かな暮らしへと導いてくれました。

お話を伺った人
南雲仁さん　八海醸造の先代社長夫人。
おっかさまと呼ばれ親しまれている。
魚沼を愛し、その文化を伝えることに情熱を注ぐ。

右下は最年長の丸山孝雄さん。83才ですが、今日もご飯は大盛り。

八海山の社員食堂へ

みんなで同じ釜の飯を食う

酒造りが始まると、杜氏と蔵人たちはほとんど休みがありません。蔵に泊り込み、24時間つききりで酒の世話をします。だから3度の飯ももちろん一緒。お互いが協力し合い、団結力が必要でもある酒蔵の仕事では、共に食事をすることで理解し合い、仲間意識も高まりました。八海山では、その想いを続けていくために、社員がみな同じ食堂に集まって食事をとります。蔵人も営業も経理も、一緒にテーブルを囲み、仕事の枠を超えたコミュニケーションの場として利用されています。さて、一体どんな食事なのかと興味津々に覗いてみると、ご飯はもちろん地元魚沼産のコシヒカリ！社員のために、米を保存する冷蔵庫まであるのだとか。ご飯がおいしいせいか、女性でも笑顔で大きなどんぶりいっぱいによそっている人がいたりします。自家製味噌で作った味噌汁も、いつもあるメニューのひとつです。ピカピカで清潔なオープンキッチンには料理担当のお母さんたちがいて、丁寧な手作りの料理を毎日作っています。まるで自分の子供たちのためのように、ボリュームたっぷりで愛情いっぱい。今日のお昼はなんだろう？とみんながワクワク楽しみにするような、明るくて気持ちの良い社員食堂です。

お酒造りは泊り込みも多いため、食堂は朝・昼・晩動いている。これはある日の朝ごはん。取り分けられるおかずもテーブルに並び、栄養豊富で彩り鮮やか。

食堂があるから、全員が顔を合わせることができる。社員がご飯を食べて元気になってもらいたい、という思いで作った場所。

食堂のお母さん、関《せき》由子《よしこ》さん

社員食堂の料理や、お客様への宴会料理を担当しているのが、八海山の料理人、関由子さん。地元出身で、自身も子供の頃から魚沼の郷土料理に親しんできた、生粋の魚沼人です。春の山菜に始まり、四季折々この地ならではの素材を使い、素朴で滋味深い、温もりのある料理を作っています。「特に春はいい季節。山菜採りが大好きなんです。暇さえあれば山に行きますよ」。保存食がベースなのも魚沼の特徴。乾物を水で戻したり、長時間かけて煮込んだり、となかなか手間のかかるものが多いですが、味付けは味噌、醤油、酒などを使い、基本はシンプルです。「素材そのものを味わえるよう、味付けは薄めに、砂糖は極力控えるようにしています。お酒の味を楽しめる料理でもありますね」

魚沼の四季暦

八海山麓に咲く花や、この地方の伝統野菜など、魚沼の季節を彩る植物です。四季折々の自然を楽しみましょう。

コシヒカリ

（p81）

山菜

（p86～91）

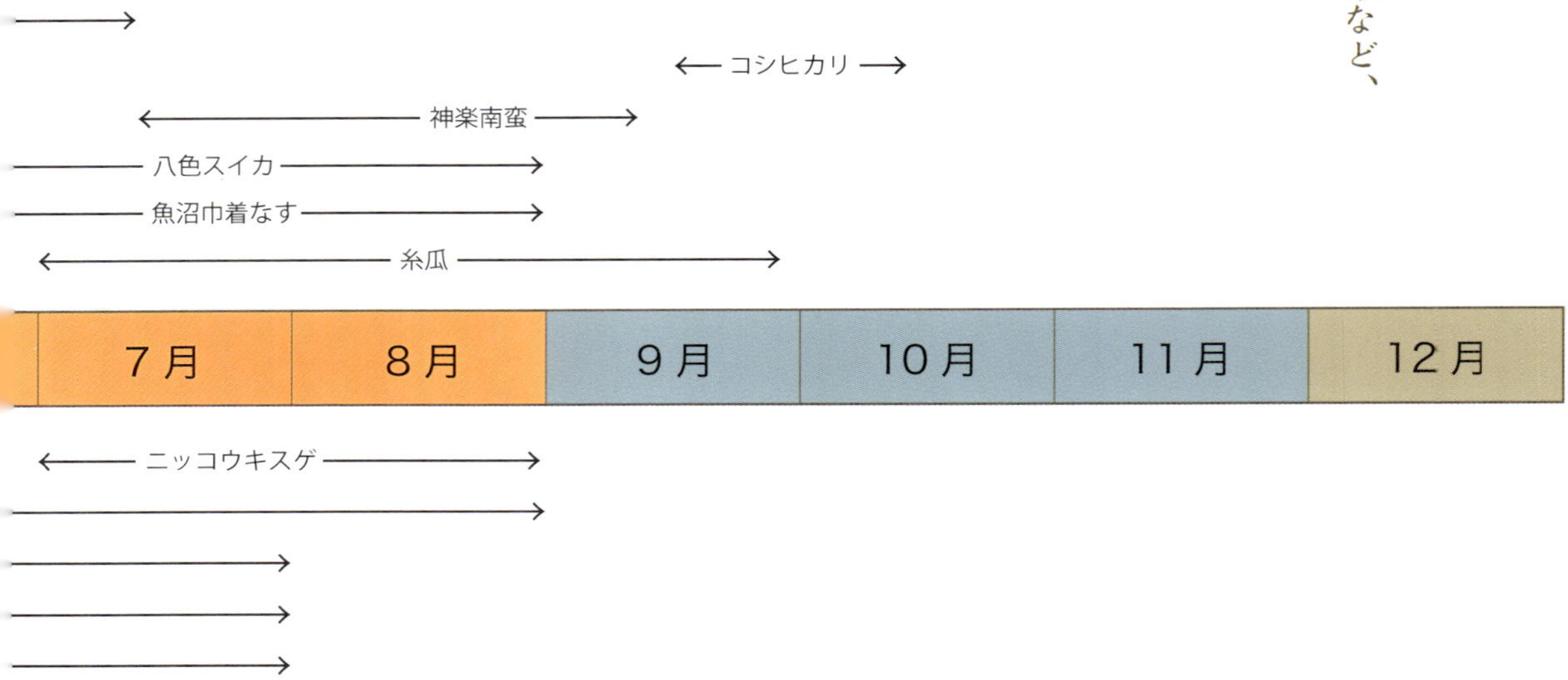

ニッコウキスゲ

ユリ科の多年草。花は山吹色で、朝方に咲き、夕方にはしぼんでしまう。低山帯～亜高山帯の草原や湿地に生息する。

ショウジョウバカマ

ユリ科の多年草。花は紅紫色。花の色が猩々（中国の伝説の動物で大酒飲み。）になぞらえ、葉が袴に似ていることから。低山帯～亜高山帯の斜面や湿地に多く生息する。

タニウツギ

スイカズラ科の落葉小高木。田植えの時期に花が咲くため「田植え花」とも呼ばれる。山野の谷や沢など日当たりのよいところに生育。

糸瓜《いとうり》
（p80）

魚沼巾着《きんちゃく》なす
（p78）

八色《やいろ》スイカ
（p80）

神楽南蛮《かぐらなんばん》
（p79）

←山菜―

←

←

1月	2月	3月	4月	5月	6月

←ショウジョウバカマ―

←タニウツギ―

←オオイワカガミ―

←キクザキイチゲ→←イワウチワ―

イワウチワ

イワウメ科の多年草。一輪の薄紅色の花をつける。葉が団扇に似ている。亜高山帯の林内や林縁、岩場などに生育する。

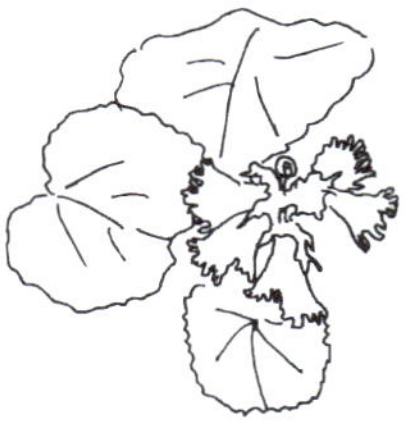

オオイワカガミ

イワウメ科の多年草。花は紅紫色。低山帯～亜高山帯、やや乾き気味の林の下や岩場などに生育する。

キクザキイチゲ

キンポウゲ科の多年草。キクに似た、白または紫色の花をつける。低山帯～亜高山帯、落葉広葉樹林の林床などに生育する。

魚沼の郷土野菜をご紹介

昼夜の寒暖差があり、冬はしっかり雪が降る。きれいな水に恵まれ、四季がはっきりと際立つ魚沼は、おいしい農作物の宝庫です。魚沼ならではの郷土野菜をご紹介します。

魚沼巾着《きんちゃく》なす

きゅっと締まった歯ごたえと甘み

お話を伺った人　南雲広悦さん

右は漬けて4ヶ月、左は2年もの。明らかに色、味、香りが違う。

なすは特有の菌があるため連作はできない。一度植えたら次まで5年空けなければならない。

神楽南蛮、魚沼巾着なすなど希少な魚沼の伝統野菜を育てる農家。「なすと神楽南蛮は相性がいいので、一緒に料理に使うにもいいよ」

ころんとした小ぶりの丸いかたちで表面はツヤツヤ。身の詰まった、歯ごたえのしっかりとしたなす。漬物や煮物にしても形が崩れにくく、噛むと甘みがあり、皮と実が一体化した絶妙な味わいを楽しめるのがこの魚沼巾着なすの特徴です。巾着なすは明治時代、当時の篤農家だった栗田忠七がお伊勢詣りの途中、和歌山の早生系のなすを持ち帰り、群馬で指導を受け研究したものに、地元魚沼のなすと自然交配したことで生まれたといわれています。「長なすのほうが丈夫で作りやすいし、戦後の日本人の嗜好が〝柔らかく食べやすい〟なすに変わっていったため、一時期は絶滅寸前だった。でも頑なに守った農家があったんだねぇ」と南雲さん。現在はまた人気が復活しましたが、生産農家が少ないため、ここ数年は品薄状態に。「奈良漬にするとうまいぞ」。南雲さんは畑のそばに大きな樽を置き、自然発酵で熟成させています。2年ものという奈良漬は、まるでブランデーに漬けたような濃厚さ。なすのうまみがますますぎゅっと凝縮された深い味わいでした。

神楽《かぐら》南蛮《なんばん》

辛くて甘い、不思議な野菜

白い部分はピリっと辛く、他は甘みがある。生のままみじん切りにして蕎麦の薬味にしてもいい。

神楽南蛮の畑。沢山なっても、実が焼けたり、虫にやられたりして半分は収穫できないそう。

見た目はパプリカにも似ているけれど、ピリリと辛みのある不思議な野菜。ゴツゴツとした見た目が神楽面に似ているから、そう呼ばれるようになったそうです。魚沼の伝統野菜のひとつ。「種の回りの白い部分が辛いの。これ取ったらあとは甘いんだよ。食べてごらん」と南雲さん。確かに実の部分はフルーツのようなふくよかな甘みがあり、甘みと辛みが複雑に絡み合う独特の味わい。同じ種で植えても、他の地域ではこの味は出ないのだそうです。時代は定かではありませんが、昔からこの地にあるもので、各家庭で自家栽培し、漬物に入れたり、味噌に混ぜたりして保存食として愛用されていました。「冬に食べると体があったまって、寒さしのぎになるんだよ。あと夏は牛なんかが食欲がないときに、この実の青いのを食べさせると元気になったりね」。デリケートな植物で栽培が難しく、雨が多かったり逆に日照りが続いても収穫できません。気難しい野菜ですが、その分面白い、先が楽しみな野菜なんだそうです。

八色《やいろ》スイカ

この地の気候がスイカをおいしくする

新潟県外にはあまり出回らないという、知る人ぞ知る幻のスイカ。あまりにおいしいスイカなので、県内で消費してしまうのだとか。八色の花が咲く原、という地名の由来を持つ八色原で収穫されることから、この名が付きました。「昼暑く夜涼しい、寒暖差のあるこの地域だからこそ、いいスイカができるんだ。甘くなるとどうしても実割れが多くなるけど、収穫量より味重視で作ってますよ」。

8月上旬には栽培が終わり、収穫時期は短い。「子供たちも一緒に畑づくりしてくれるのが嬉しい」

糖度が高く、シャリ感のあるスイカ。地元では毎年スイカ祭りも開催される。

お話を伺った人
桑原新一さん(右)

八色西瓜生産組合の副組合長。「うちでもスイカはよく食べるなぁ。焼酎割りにしてもおいしいよ」

糸瓜《いとうり》

茹でると糸のようになるウリ

そうめんかぼちゃとも呼ばれ、魚沼で親しまれている食材のひとつ。実は黄色で茹でると糸状にほろほろとほぐれます。食感はシャキシャキとした歯ざわりで、ほんのり甘みがあり、三杯酢や出汁と和えたりしていただきます。収穫は夏~秋ですが、保存が効くので、冬の栄養食としても役立ちます。

楕円形のコロンとしたユーモラスな風貌

手でほぐすとシャキシャキの糸状に

コシヒカリ

雪が田んぼを洗い、きれいな水をもたらす

「日本一プライドを持って作っている米なんじゃないでしょうか。みんな『うちの米が一番うまい』って思ってますよ」と魚沼で米作りをする西野さん。魚沼産コシヒカリといえば、今や誰もが知るブランド米、いいお米ができる理由は、やはりこの地の気候風土と人の気質だと西野さんはいいます。「一年の半分は雪に覆われているから、その間に雪が田を洗ってくれる。そして栄養のある澄んだいい水が豊富。また忍耐強く、ひとつのことを始めたらとことん突き進む魚沼人の性格も米作りには良かったんだろうね」。魚沼産コシヒカリは、粘りが強く、食感のよいのが特徴。西野さんは炊きたてご飯に紀州の梅干しを乗せてシンプルに食べるのが最高だとのことでした。

お話を伺った人
西野松太郎さん

「米作りはいろいろやってみたけど、あまり無理をせず自然に任せるのが、結局一番おいしいと分かった」

魚沼流、ぬか釜を使った おいしいご飯の炊き方

もみがらと杉の葉を燃料に炊くぬか釜。魚沼では、かつてはどの家にもぬか釜がありました。ご飯を炊くのは子供の役目。燃えかすは肥料に使います。

※魚沼ではもみがらのことをぬかと言います。

1．米を研ぐ。最初の水は洗ったらすぐ捨てること。研いだら1時間くらい浸漬する。

2．もみがらを入れ、真ん中に杉の葉を入れて火を点ける。

3．最初ちょろちょろ、その後一気に強火になる。沸騰して20分くらいで自然に火が消える。

4．できあがり。蓋を開けると、米の香りがふわりと立つ。

炊いた人
阿部はるこさん

上田の郷…ぬか釜体験ができる店（予約制）tel 025-782-1197　http://uedanosato.com

関由子《よしこ》さんに教わる魚沼伝統料理

雪深く冬の長いこの地方では、保存食を上手に利用した様々な郷土料理がありますこの地に生まれ育った料理人、関由子さんに教わりました。

棒《ぼう》鱈《だら》煮

材料　こんにゃく／棒鱈（水で戻したもの）
梅干／酒／醤油／みりん

1. こんにゃくは扇のような刻みを入れて切る（味が染み込みやすいように）。棒鱈は5㎝くらいの食べやすい大きさに切る。
2. 棒鱈を鍋に入れ、たっぷりの水で火にかけ、ひと煮立ちさせたら、一旦水を捨てる。新しく水を入れ、梅干を2個加える。
3. 弱火でコトコト煮る。煮立ったら火を止めて冷ます。これを1日3回程繰り返す。
4. 3を3日程続ける。骨が柔らかくなったら、酒、醤油、みりんを足し、こんにゃくを入れ弱火で1～2時間煮る。
5. 次の日も弱火で煮る、をくり返す。2日くらい続けると棒鱈が柔らかくなり、冷めても固くならない。

※手間のかかる料理に感じるが、昔は囲炉裏でおしゃべりしながらゆっくりのんびり作っていたそう。

お料理を教えてくれた人
関由子さん

棒鱈は、川に3日ほどさらして戻す。自然の流れときれいな水が棒鱈のくさみを抜き、味をよくする。岸辺に立つのは棒鱈名人と呼ばれる田辺ツネさん、その役割は息子さんが受け継いでいる。

えご練り

※味付けせずに作り、食べるときに酢味噌や辛味噌、わさび醤油などでいただく。

材料　えご草（乾燥）

1. えご草はよく洗い、20〜30分水に浸け、よく揉んでこぼし、黒いかたい部分は取りのぞく。
2. 鍋にえご草を入れ、ひたひたに水を注ぎ、火にかける。
3. 焦がさないようにヘラでよく練りながら、10〜20分煮る。
4. えご草がだんだんと溶け始め、全部溶けてとろっとしてきたら火から下ろす。
5. 型に入れて冷蔵庫で冷やす。または氷水の中に入れて冷やし固める。

えご草はふわっと細かい糸のような海草。

神楽南蛮ぼぼの含め煮

材料　神楽南蛮／油／醤油／酒／みりん

1. 神楽南蛮は串を刺す等して穴を空け、そのまま油で炒める。
2. 醤油、酒、みりん少々で味付けする。

ぼぼとは赤ちゃんの意味。間引くために小さいままで摘み取った神楽南蛮を、神楽南蛮ぼぼと呼ぶ。このときはまだ辛くなく、伏見唐辛子のような味わい。

巾着なすの漬物

材料　なす…5kg／水…5kg
塩…40g(塩はナスと水の合計の4%)
ミョウバン　少々

1. 桶に塩とミョウバンを入れて混ぜ、なすを入れて50～70回あおる。
2. 重石をして、3日くらい漬けておく。

※食べるときは半分くらいに切り、氷水に乗せていただくとおいしい。

くるみ豆腐

材料　くるみ…200g／葛…80g／水…800cc
餡の材料　出汁／酒／砂糖／片栗粉
わさび／氷水

1. くるみは殻から出し、すり鉢で擦って水を混ぜ、裏ごしする。
2. 裏ごしした1に葛を入れて鍋に入れ、火にかける。
3. 鍋の底からよく練り、葛が溶けてまろやかな感じに固まってきたら、火から下ろして型に流し、氷水で冷やして固める。
4. 餡を作る。出汁、酒、砂糖を鍋に入れて煮詰め、片栗粉を入れてとろみを付ける。
5. 3の豆腐が固まったら型から出し、食べやすい大きさに切る。4の餡をかけて、わさびを乗せる。

さやいんげんのごま和え

材料　さやいんげん／ごま／白味噌
砂糖

1. さやいんげんは筋を取り、沸騰した湯で茹でて、5cmくらいの長さに切る。
2. 炒りごまを擦り、白味噌と砂糖と一緒に1を和える。

※ごまはフライパンで少し炒ると香ばしい。多めに入れたほうがおいしい。

きゅうりのつくだ煮

材料　きゅうり／塩／醤油／砂糖
塩昆布／鷹の爪

1. きゅうりは輪切りにして一晩塩漬けにする。
2. 1の水分をよく絞り、鍋に入れて醤油、砂糖で水分がなくなるまで煮る。
3. 塩昆布と鷹の爪を加え、さっと混ぜて火を止める。

※魚沼のきゅうりは大きいので、スプーン等で中をくり抜いて使う。

巾着なすと神楽南蛮の煮もの

材料　巾着なす／神楽南蛮／出汁／醤油
酒／みりん

1. なすはヘタを取って半分に切り、粗め網の目に包丁を入れ、さっと素揚げする。
2. 神楽南蛮は細切りにしておく。
3. 出汁、醤油、酒、少々のみりんを鍋に入れ、煮立ったら神楽南蛮、なすを入れて、しんなりするまで5、6分煮込む。

※食べるときは生姜のすりおろしたものを乗せて食べてもよい。

くじら汁

材料　くじらの塩漬け（コロとも呼ばれる皮の部分）
じゃがいも／夕顔（魚沼ではユウゴウと呼ぶ）
味噌／長ねぎ（みじん切り）／七味唐辛子

1. じゃがいもと夕顔は短冊に切り、湯で煮ておく。
2. くじらは4㎜くらいの厚さに切り、熱湯をかけておく。
3. じゃがいも、夕顔、くじらを一緒に煮込み、ひと煮立ちしたら味噌を加える。
4. 火を止め、長ねぎを散らす。食べるとき七味唐辛子を振る。

※じゃがいもはできれば新じゃがで。しらたきやゴボウのささがきを入れてもおいしい。

くじらは夏のスタミナ食として、昔からこの地方で食べられていたもの。

山菜を採りに行く

山菜採りが大好き、という由子さんに案内されて、山の中へ入ってみました。結構な急斜面を歩き、なかなか過酷。でも気付けば両手いっぱいの山菜！ツヤツヤの緑が眩しくて、どうやって食べようか、ホクホクしてしまいます。

start

こんな森の中です。
山菜採りは道なき道を行く！

由子さんの山菜スタイル。
長靴、軍手、エプロンにリュックが定番。

相棒ウメさんと一緒に森の中へ。
すいすい身軽な動きでどんどん奥へ入っていきます。

けっこうな急斜面。
崖っぷちみたいなところこそ、おいしい山菜が隠れている！足が滑るけどがんばれ！

収穫した山菜

ぜんまい

ふきのとう

こしあぶら

うるい

こんなに採れた！
あっという間にいっぱいの山菜を抱えている由子さん。

はーい、休憩です
・・・と思ったら、「あ、ここにも！」って休みながらもまた山菜を見つけちゃってます。

魚沼山菜図鑑

魚沼地方は山菜の宝庫。
雪深い地域ほど柔らかくてアクの少ない、おいしい山菜が採れる、といわれます。
魚沼の人々にとって山菜は春の象徴であり、愛おしく大切な食材のひとつです。

ゼンマイ

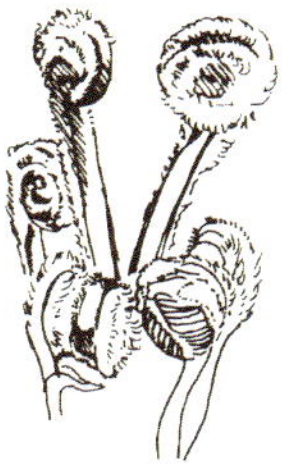

日本の山菜の代表格。くるりとうずまき状になった新芽を食べる。アクが強いので、下ごしらえが必要。乾燥して保存できる。

ワラビ

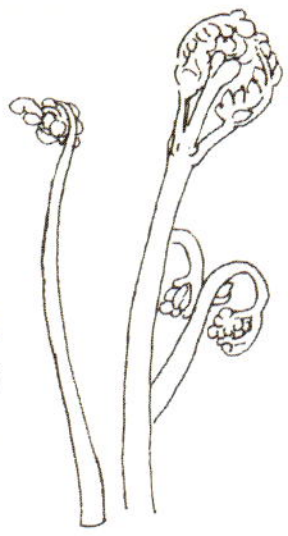

ぜんまいと並ぶ人気の山菜。日当たりのよいところに群生する。食べるにはアク抜きが必要。おひたし、煮物、炒め物など幅広く料理に利用。

こしあぶら

日当たりの良い斜面によく見つかる。新芽は柔らかく上品な香りと苦味。天ぷら､和え物、おひたしなどに。

うるい

山地のやや湿気の多いところに群生している。アクが少なくクセがなく、サクッとした歯ごたえ。ほんのりぬめりがある。

根曲がり竹

チシマザサ、姫竹などともいう。アクが少なくたけのこより柔らかい。味噌汁、煮物、皮付きで焼いて食べてもおいしい。

木の芽

あけびの新芽の部分。苦味と食感が独特。さっと茹でてご飯に乗せ、醤油で味付けすると美味。

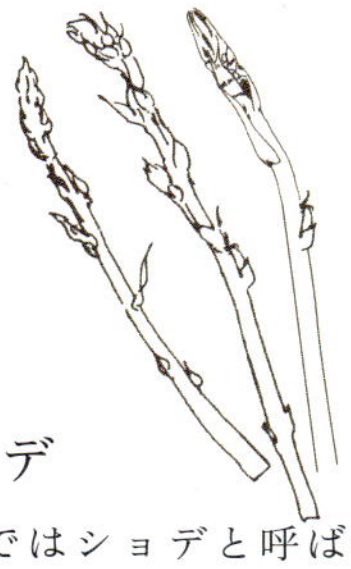

シオデ

魚沼ではショデと呼ばれる。野生のアスパラガスともいわれ、茹でて醤油やマヨネーズと一緒に。

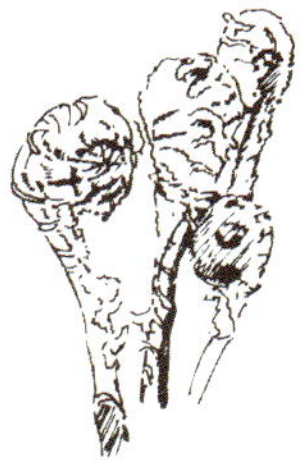

こごみ

こちらでは“こごめ”ともいう。元々アクが少ないので、さっと茹でるだけでも食べられる。

フキ

水が豊富な土地を好む。早春は花茎（フキノトウ）を楽しめる。独特の香りがあり、つくだ煮にしたきゃらぶきは定番料理。

タラの芽

山の傾斜地、水はけのよいところに見つかる。独特の香りと苦味があり、天ぷらで食べると最高。

ウド

香りが強くシャキシャキの歯ざわり。葉は味噌汁や天ぷら、茎は煮物、揚げ物に。皮の部分も胡麻和えなどでいただける。

山菜料理を作る

春の魚沼は山菜の宝庫。山を歩けば様々な山菜が春の訪れを伝えます。しゃきっとみずみずしく、ほんのりとした苦みと甘みがおいしい。地元ならではの食べ方を教わりました。

ウドの皮のきんぴら

材料　ウドの皮／酒／醤油／油／みりん／唐辛子（お好みで）

1. ウドのむいた皮の部分を使う。食べやすい大きさに切り、さっと茹でる。
2. 1を油で炒め、酒、醤油、みりん少々で煮る。好みで唐辛子を加えてもよい。

※ウドは捨てるところのない山菜。葉のほうは天ぷらにするとおいしい。

フキのきんぴら

材料　フキ／酒／醤油／唐辛子／ゴマ／油／みりん

1. 沸騰した湯に塩を入れ、長いままのフキを入れて3分程茹でる。
2. 1の皮を剥き、5㎝くらいの長さに切って、水に浸けて一晩置く。
3. 次の日、ちょっと柔らかくなったかな、というくらいまで茹でる。
4. 油で炒め、酒、醤油、みりん少々で煮て、細かく輪切りにした唐辛子を加える。皿に盛り、ゴマを振る。

※さつま揚げなどの練り物を細く切ったものを一緒に加えてもおいしい。

※たけのこと身欠きニシン味噌の作り方は90ページ

山菜汁

材料　身欠きニシン（本乾）／くるま麩／ワラビ（生のもの）
根曲がり竹／ウド／味噌／煮干しと鰹のだし／唐辛子（粉末）

1. 身欠きニシンは一晩水に浸けて戻す。ワラビは灰または重曹を使ってアクを出し、一晩お湯に浸けておく。ウドは皮をむかずに茹でておく。
2. 身欠きニシン、ワラビ、ウド、根曲がり竹、くるま麩は、食べやすい大きさに切る。
3. 鍋に冷たいだしを入れて身欠きニシンを入れ火にかける。沸騰したら他の材料を加えて、火が通るまで煮る。
4. 味噌を入れたら火を止め、最後に唐辛子を振る。

ゼンマイの煮物

材料　ゼンマイ（乾燥）／こんにゃく／くるま麩／シイタケ
人参／ホタテ／さやいんげん／さつま揚げ
煮干しと鰹のだし／醤油／酒／みりん／砂糖

1. ゼンマイは一晩〜二晩水で戻しておく。
2. しいたけは軸を取る。人参、さやいんげん、さつま揚げは食べやすい大きさに切る。くるま麩は食べやすい大きさに切って素揚げしておく。こんにゃくはだしが染み込み、箸に引っかかりやすいよう、ギザギザに切る。
3. 2をだしで煮る。醤油、酒、みりん、砂糖少々で味付けをし、ホタテを加える。
4. ホタテの味が染み込んだら、そのだしを別に鍋に取り、ゼンマイを煮る。ゼンマイが煮えたら、最後に全部を合わせる。

ワラビの酢のもの

材料　ワラビ（生のもの）／しょうが
酢／塩／砂糖

1. ワラビは灰汁でアクを出し、一晩お湯に浸けておく。
2. 1を食べやすい大きさに切る。
3. しょうがは千切りにし、酢、塩、砂糖と混ぜて三杯酢を作る。2と和えてなじませる。

※日持ちするので、冷蔵庫で一週間くらい置くと味がなじんで一層おいしくなる。

たけのこと身欠ニシン味噌

材料　身欠ニシン／根曲がり竹
味噌／酒／みりん／油

1. 身欠ニシンは一晩水に漬けて戻す。3㎝くらいに切り、ひたひたの水で煮て、茹でこぼす。酒を加え、さらに数分煮る。
2. 根曲がり竹は食べやすい大きさに切って、湯通しする。
3. 2を油で炒め、味噌を加える。1と合わせて、酒、みりんを少々入れて味付けする。

ショデのおひたし

材料　ショデ／塩

1. 沸騰した湯に塩を少し入れ、ショデをさっと茹でる。
2. 食べやすい大きさに切る。

※醤油、マヨネーズなど、好きなもので味付けして食べる。
※魚沼ではシオデをショデと言います。

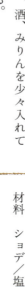

山菜の下ごしらえ

山菜は、一晩経つと固くなるので山に戻ると言われています。できるだけ、採ったらすぐに作業しましょう。

《根曲がり竹》

先端をちょんと切って皮を剥く。節の固い部分は切ってよけておく。

《フキ》

一度湯通しして筋を取る。茹でてアクをとり、皮をむく。
5㎝ぐらいに切り塩を入れ沸騰したお湯で煮て一晩置くときんぴらにできる。

《ワラビ》

沸騰した湯の中に木炭（または重曹）を入れる。ワラビを入れてさっと茹で、火を止める。そのまま自然に冷ます。アクが出るので、透明になるまで何度か水を取り替える。

《ゼンマイ》

乾燥保存する場合
ゼンマイはワタを取り、沸騰した湯に入れ4、5分煮る。ゴザに広げ、日当たりの良い場所で干す。柔らかくさせるため、手のひらでぐるぐる回すようにもむ。1日5，6回もむようにし、3日くらいかけて乾かす。

乾燥したもの

もどしたもの

蔵人・田中勉さんに教わる、麹と魚の料理

自家製味噌
麹をたっぷり加えるのが田中さん流。上がってきた水分もうまみの元だから、よく混ぜる。

自家製調味料
麹に醤油、唐辛子を混ぜたもの等、様々な調味料を試作している。

次々と出てくる麹の玉手箱

田中さんは普段、酒造りに勤しむ蔵人ですが、家でも麹の研究に余念がありません。田中さんの自宅へ伺うと、ガレージの奥から出てきたのは、何度も試行錯誤して、オリジナルの配合を編み出したという自家製味噌。田中さんの味噌は一般的な配合より麹の量が多く、大豆の倍。そして大豆はできるだけ細かく潰すことがポイントだとか。甘みとコクの深い味噌になるそうです。ネギと茗荷だけを入れてささっと作ってくれたシンプルな味噌汁のおいしいこと。優しい味噌の香りがふわっと漂い、何杯でもいけそうです。そして味噌以外にも麹の調味料がキッチンの棚から続々と登場。米麹と醤油に鷹の爪を混ぜたものや、青唐辛子と米麹と醤油を1対1対1に漬けた三升漬、神楽南蛮の粉末を混

ワラサのしょうゆ麹漬け
しょうゆ麹に漬けたらあとは焼くだけで十分においしい。ふんわり柔らかく、うまみの乗った味。

オキメバルの甘酒煮
生姜と醤油を加え、砂糖やみりんの代わりに甘酒で煮たオキメバル。甘みがすっきりする。

味噌汁
葱と茗荷で具はシンプルに、味噌は多めに加える。一度火を入れたら、何度も煮立たせないこと。

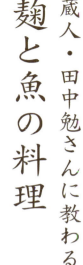

写真上：様々な麹の料理が並ぶ食卓。魚は全て自身で釣ってきたもの。右：包丁にもこだわり、燕三条で購入したプロ仕様のものを愛用。左：麹に漬けた魚は真空状態にして保存する。

麹漬けの刺身
メバル、マゾイ、カレイを塩麹に漬けた刺身。醤油はいらず、ワサビをちょっと乗せて。

イカの塩辛
酒でさっと洗い、キモも一緒に塩麹に漬ける。2、3日寝かしたほうが味がなじむ。

ぜたもの、そしてそら豆と米麹と唐辛子で作る豆瓣醤《トーバンジャン》まで！まるで実験室のように瓶がいくつも並んでいます。様々な材料や配合を試しているのだそうです。そして料理が得意で釣りが趣味という田中さん。自ら釣った新鮮な魚を、パパっとさばいて塩麹やしょうゆ麹に漬け、保存袋に入れたものが冷蔵庫にはいっぱい。「こうしておけば、あとは焼くだけで十分おいしいですよ。すぐに食べないなら、3、4日漬けた後、冷凍すればいいしね。刺身用の魚も5時間くらい塩麹に漬けておくと少しねっとりしたうまみが出てくる。漬けすぎるとコリコリするのでそこは調整してね。醤油なしで、わさび乗せるだけでもうまいですよ」。素材を麹に漬け込んで、煮たり、焼いたり、和えたり。麹の調味料を駆使して、様々な料理を次々と披露してくれました。

教わった人
八海醸造の蔵人　田中勉さん
酒造りの傍ら、発酵食品について自宅でも熱心に研究中。味噌を始め、様々な麹の調味料を自身で手作りしている。趣味は釣り。

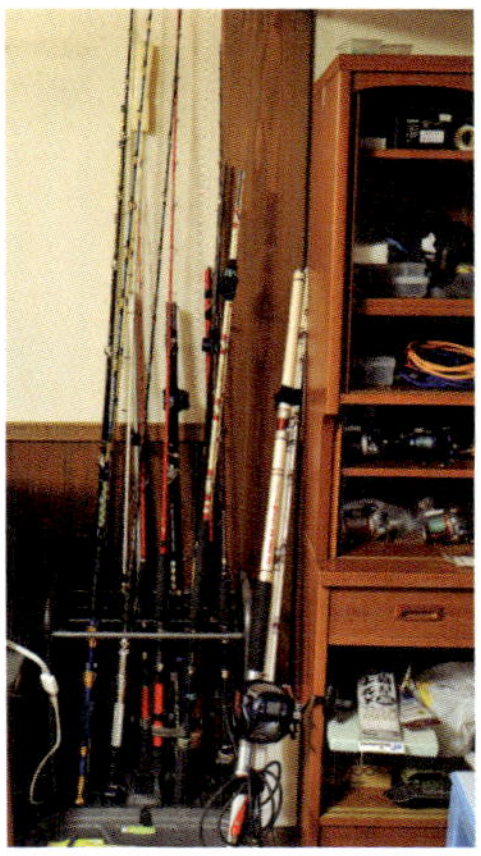

魚沼の豊かな自然が生んだ千年こうじや

「米・麹・発酵」をテーマに掲げる千年こうじやのふるさとは、霊峰・八海山に抱かれた魚沼地方。険しい山に囲まれた盆地で、冬には3メートルもの雪が降り積もる豪雪地帯ですが、その雪どけ水は清らかな湧き水となり豊沃な土壌をつくり、魚沼ならではの豊かな食文化を育ててきました。そして、四季折々の自然と寄り添う昔ながらの暮らしの中、味噌や甘酒を麹で手づくりする風習がまだまだ根付いている、発酵文化が受け継がれている土地でもあります。千年こうじやで取り扱う商品は、そんな土地で生まれたものたち。そして麹を使う長年の酒造りから体感してきた「日本人が大切にしてきた食本来の良さ」や「自然との共生から生まれた知恵」を、商品を通じて伝えたいという想いから生まれた店でもあります。豊かな土地が豊かな食文化をつくり、そして千年こうじやが生まれたのです。

千年こうじやのご紹介

本店
住所：新潟県南魚沼市長森六二七―八
電話：〇二五―七七五―二六〇四
ファックス：〇二五―七七五―三〇二七
営業：九時―十八時

麻布十番店
住所：東京都港区麻布十番一―六―七
電話：〇三―五七七二―三九三〇
ファックス：〇三―五七七二―三九三五
営業：十一時―二十時

神楽坂店
住所：東京都新宿区神楽坂二―六―一
PORTA神楽坂一〇九号
電話：〇三―五二二七―八一三〇
ファックス：〇三―五二二七―八一三三
営業：十一時―二十時

ホームページ：www.uonuma-no-sato.jp

千年こうじやのおいしい麹食品

千年こうじやには魚沼地方の伝統食品や厳選食材がたくさん並びます。ここでは蔵人が丹誠込めてつくった麹を使った代表的な商品をご紹介。食材のうまみを引き出す極上の調味料としてもおすすめです。

麹と米でつくったあまさけ

蔵元こだわりの米麹と米と水だけで作った甘酒は、砂糖を使わず麹から生まれる優しい甘さ。ノンアルコールなので、お子様にも安心。また、みりん代わりの調味料としてもおすすめ。

麹

蔵人が丹精込めて仕込んだ米麹は、家庭で甘酒や塩麹を作ることができる発酵食材。繊細で上品な生タイプで、食材を漬け込むと素材のうまみが引き出され、甘みとコクがグンと増す。

酒の實（季節限定）

料理に幅広く使える、こだわりの酒粕。その名前の由来は、酒造りで生まれる酒粕が、花が咲いた後の果実のようだと、蔵人たちの間で「酒の實（実）」と呼ばれているため。

かぐら辛っ子

魚沼地方の伝統辛味野菜「神楽南蛮」を塩と麹に漬け込み、2年半かけて熟成させたもの。まろやかな辛みが特徴で、薬味とし料理に添えたり、炒め物などの調味料としてもおすすめ。

塩こうじ

こだわりの米麹を使った、伝統的な調味料。野菜の漬物床として、また、いつもの料理に加えるだけで、素材のうまみが引き出され、味わい深い一品に仕上げてくれる。

編集・文　江澤香織
文(レシピ)　田口みきこ

総合ディレクション　小山奈々子　(Palette Design)
アートディレクション・デザイン　田中彩里

撮影　服部貴康(主に第一章、第三章)
大志摩徹(主に第二章)

料理　久富信矢
たかはしよしこ
佐藤浩一
関由子(八海山)
藤本倫子(千年こうじや)
藪田さゆり(千年こうじや)

スタイリング　原田さちこ(gg)

器協力　林ひとみ　gg

協力　八海山のみなさん

千年こうじやのおいしい発酵レシピ

2012年 11月 13日　第1刷　発行

企画/制作プロデューサー　谷口周平 (LD&K BOOKS)
秋山千恵美　(Palette Design)

企画制作　株式会社八海山　パレットデザイン株式会社　LD&K Inc.
発行人　大谷秀政
発売元　株式会社エル・ディー・アンド・ケイ
www.ldandk.com
FAX　03-5464-7412
E-mail　ldandk@ldandk.com